国家出版基金项目
NATIONAL PUBLICATION FOUNDATION

究元决疑論

梁漱溟 蔣維喬 梅光羲 ◎ 著

山西人民出版社
山西出版傳媒集團

圖書在版編目(CIP)數據

究元決疑論·名學稽古 / 梁漱溟等著. —太原: 山西人民出版社, 2015.3
(近代名家散佚學術著作叢刊 / 許嘉璐主編)
ISBN 978-7-203-08968-1

Ⅰ. ①究… Ⅱ. ①梁… Ⅲ. ①佛學－研究②名家－研究 Ⅳ. ①B948②B225.05

中國版本圖書館CIP數據核字(2015)第038157號

究元決疑論·名學稽古

主　　編　許嘉璐
著　　者　梁漱溟等
責任編輯　梁晉華
助理編輯　張　潔

出 版 者　山西出版傳媒集團·山西人民出版社
地　　址　太原市建設南路21號
郵　　編　030012
發行營銷　0351-4922220　4955996　4956039
　　　　　0351-4922127(傳真)　4956038(郵購)
E-mail　sxskcb@163.com　發行部
　　　　sxskcb@126.com　總編室
網　　址　www.sxskcb.com

經 銷 者　山西出版傳媒集團·山西人民出版社
承 印 廠　山西出版傳媒集團·山西人民印刷有限責任公司

開　　本　700mm×970mm　1/16
印　　張　11.75
字　　數　82千字
印　　數　1—3000冊
版　　次　2015年3月　第1版
印　　次　2015年3月　第1次印刷
書　　號　ISBN 978-7-203-08968-1
定　　價　30.00圓

《近代名家散佚學術著作叢刊》編委會

出版説明

近代名家散佚學術著作叢刊選取一九四九年以後未再刊行之近代名家學術著作共一百二十册，編例如次：

一、本叢書遴選之著作在相關學術領域具有一定的代表性，在學術研究方向、方法上獨具特色。

二、爲避免重新排印時出錯，本叢書原本原貌影印出版。影印之底本皆經專家組審定，原書字體大小，排版格式均未做大的改變，原書之序言、附注皆予保留。

三、本叢書分爲八大類，以作者生卒年編次。

四、爲使叢書體例一致，本叢書前言後記均采用繁體字排版。

五、個別頁碼較少的版本，爲方便裝幀和閲讀，進行了合訂。

六、少數學術著作原書内容有個别破損之處，編者以不改變版本内容爲前提，部分進行修補，難以修復之處保留缺損原狀。

七、原版書中個別錯訛之處，皆照原樣影印，未做修改。

八、所選版本之抽印本頁碼標注，起始至所終頁碼均照原樣影印，未重新編排標注新頁碼。

由於叢書規模較大，不足之處，殷切期待方家指正。

總序／

披沙瀝金，以爲鏡鑒

◇許嘉璐

多年來有一個問題始終在我腦中盤桓：爲什麽在十九世紀末到二十世紀初，在短短的幾十年裏，中國的各個學術領域竟涌現了那麽多大師級的人物？這是中國近代史上一個極爲重要的現象，我認爲，如果不能給出令人滿意的答案，我們撰寫的近代學術史將是不完整的，甚至是缺乏靈魂的。後來我知道，著名人類學家克羅伯曾提出過一個問題：爲什麽天才成群地來？看來這種現象的出現並非中國所獨有，思考其所以然的也大有人在。而在那一次世紀之交中國的情况，似乎應驗了「天才成群地來」這個令克氏久久不解的疑問。錢學森先生曾從相反的方向提出了相同的疑問：爲什麽我們這個時代出現不了杰出人才？後來人們稱這個問題爲「錢學森之謎」。

要回答這些疑問不是件容易的事。與其迅速地囫圇地探尋，不如先多了解那些讓中國近代學術（應該包括人文科學和自然科學）史上閃耀着光輝的大師們的作品和自述，從而在腦海里盡量「復原」他們所處的環境和在那種環境下的心理路徑，從中或許可以得到一些啓示。

有一點是顯然的，這就是他們雖然都已遠離塵世而去，但是他們獨立思考的品性、求知治學的真誠、困厄窮愁中對節操的堅守，恐怕是他們共同的主觀因素，一直影響到現在，而且將會永遠留存下去。

就思想界、學術界而言，二十世紀上半葉是一個新説和舊説碰撞，中學和西學融匯的大時代。那時的學人極爲重視言行操守，同時具備現代知識分子的理想信念；他們的學術研究十分純净，絶少功利因素；他們的視界開闊，以包容的心態和嚴謹的風格造就了成果的大氣與厚重。至於在客觀因素一面，他們實際是在用工業化時代的事實解説着太史公所説的名山之作「大抵聖賢發憤之所爲作」，困厄苦難使得他們「皆意有所鬱結」。這種鬱結，幾乎和個人的名利毫無牽涉，他們永遠不能釋懷的，是民族的存亡、國運的興衰、民衆的福禍和文脈的續斷。

那個時代也是近代歷史上最大規模的中西古今學術調適、創新的時期，學術方法上的交互滲透和融合、創新亦可謂「於斯爲盛」。斯時之學人是要在封閉的屋墻上鑿出窗子的勇士，是使人能够看看外部世界的第一批導夫先路者；或者可以説，他們是在「意有所鬱結」時「彷徨」和「吶喊」的「狂人」。

相對於那時的哲人們，後來者是幸運兒。現在的形勢是，近三十年來學界空前繁榮，衆多學科有了長足之進，其中很重要的一點是學界有了更新穎、更廣闊的國際視野，似乎接續上了百年前的學壇盛事。但細想，「古」與「今」還是有差别的。其异，主要不在於世界情勢、學術進展、工具改善這些客觀存在，而在於在廣泛吸收各國優長的同時，自身文化的主體性越來越受到重視，换言之，「拿來主義」已經延長了「拿來」的程序，加上了試用、甄别、篩選、吸收、融合、成長。就我孤陋所見，在當今地球上，面向所有異質文明，努力汲取我之所缺，其範圍之大和心態之切，似乎無出中國之右者。從這個角度説，我們已經超越了前輩。但是事情還有另外一面，學術，特别是人文學科，其職業化、「沙龍化」和功利性，以及隨之而來的浮躁病却嚴重了。從這個角度説，是不是我們已經後退得够可以的了？而這是不是我們這個時代出不了大師的原因之一呢？

民國學術界的特點之一是極爲注重對傳統的反省、批判與繼承。他們對傳統文化盡最大的努力進行整理和研究。一方面，由於戰亂頻仍，民不聊生，學者們擔起了讓中華文化薪火相傳的歷史責任；另一方面，他們要通過對中國傳統文化的整理、挖掘來重振民族自信心。這一時期對傳統文化進行整理的全面而深入是前所未有的，舉凡文字學、語言學、經濟學、法學、哲學、政治制度、書法繪畫、金石學……規模之宏大，研究之精微，令人嘆爲觀止。

民國學術推動了現代學科體系的建立。在對傳統文化整理和研究的基礎上，吸收西方的文化思想和理念，推動和建立了中國現代學科體系。例如，在對語言文字和音韻學成果進行整理、研究的基礎上開始着手規範之，建立了國語學；深入研究書法、國畫，將其融入了現代美術學科；在廢除舊有學制後逐步建立起小、中、大學較完整的科目和學科體系。

民國學術也改變了傳統學術方式，建立了新的研究範式。以現代科學考古爲發端，科研的實踐和成果使中國知識界真正認識到在實驗、比較基礎上的邏輯分析對學術研究的重要，推進了中國學術的一大演變。至於我們常説的打破士大夫傳統、走出書齋到田野鄉村和市民中進行調查研究、結束了經學時代、以歷史眼光檢視儒學和諸子等等，都是確立新學術範式的努力。這一轉變，也標誌着中國學術界脱胎换骨，全面進入了現代，爲此後的學術發展奠定了堅實的基礎。當然，西方啓蒙運動以來，在「現代性」和「現代化」裏潛伏着的缺陷和謬誤也傳到了中國，這些不能不在前哲的著作裏留下痕迹。這並不奇怪。類似的情況，古往今來孰能免之？猶如今天的我們，誰敢自稱我之所見就是永恒的真理？在這個問題上兩個時代所異者，或許就在昔時大家創立新説或譯註西學著作，往往是懷着對學術和前哲的敬畏而爲之，故而常常誤不在我；當今則往往出於對學問和他人的輕蔑，或以所研究的對象爲謀己的工具，因而難辭主觀之咎吧。翻閱他們的心血之作，這些復雜的狀況可以顯見，可以視之爲我們的一面鏡子。

滄海桑田，世事變幻，歷史的動盪和時代的遮蔽，使當年許多大師的一些極有價值的學術著作被棄於故紙堆中，不能不令人有遺珠之憾。爲此，山西人民出版社不惜以數年之艱辛，披沙瀝金，編輯出版這套近代名家散佚學術著作叢刊，凡一百二十册，計文學、史學、政治與法律、美學與文藝理論、民族風俗、宗教與哲學、經濟、語言文獻共八大類別。所選皆爲作者之純學術著作，無論是其見解、精神，抑或是其時代烙印，都是後輩學人可資借鑒的寶貴財富。他們出版這套叢書，意在讓世人不忘來程，知篳路藍縷之不易，爲民族文化的傳承再增薪木。

出版社的初衷，與我近年來所思所慮近似，故願略述淺見於書端，以與策劃者、編輯者和讀者共勉。

二〇一四年七月六日

改定於自安東回京途中

前言

◇王紹培

近代名家散佚學術著作叢刊是一項重大的學術工程，我接到寫這個序言的指令，誠惶誠恐多日，端的是藐予小子，何敢贊一言。

但我亦深知這是一個重温先賢大哲杰出思想成就的寶貴機會。果然，十余部宗教哲學類著述電子版到手，翻閲起來，雖然難免諸多不便，但静心瀏覽，不能不生感慨良多。這批著作全部都在民國期間出版。最早的一本是梁漱溟的究元决疑論，是商務印書館一九二三年出版的。其餘的大部分都出版在二十世紀三十年代的抗戰爆發之前。想想看，彼何時也，政局動盪不已，軍閥混戰不休，而民不聊生，但學術活動仍然頑强掙扎，開展得如火如荼，且學術質量之高，令人驚訝。

所謂學術質量之高亦不是我輩來信口雌黄。事實上，對於這些前輩學人及其成就，學界早有定評。例如，梁啓超（一八七三年—一九二九年）被公認是清朝最優秀的學者，是一位百科全書式的人物。最難以想象的是在他五十六年的短暫生命中，既積極投身從事大量的政治活動和社會活動，又能在哲學、文學、史學、經學、法學、倫理學、宗教學等領域均有建樹，這是怎麽做到的？曾經看見一則逸聞，説梁啓超每天必打八圈麻將，寫八千字文章，他不少文章是邊打麻將邊口授的，簡直神乎其技了，但不知道真假。本叢書收録的梁啓超的中國學術思想變遷史（商務印書館一九二六年出版）被學人贊許之爲「中國學術史上的垂範之作」。梁啓超在經過革命失敗的過程之後，痛定思痛，得出的教訓是要高度重視學術思想，他說：「學術思想之在一國，猶人之有精神也，而政事，法律，風俗，及歷史上種種之現象，則其形質也。」梁啓超認爲，有新學術思想，就會有新國民，有新國民，就會有新國家新世界。從梁啓超的論述可知，他對哥白尼、培根、笛卡爾、孟德斯鳩、盧梭、富蘭克林、瓦特、亞當·斯密、達爾文等等思想家瞭如指掌。他極爲看重思想言論自由，他認爲「春秋末及戰國」爲中國學術思想的「全盛時代」，而追溯所以致盛的原因，「思想言論之自由」爲其中一個重要的方面。其餘諸多因素，除了「由於蘊蓄之宏富也」與歷史積累有關，其他「社會之變遷也」、「交通之頻繁也」、「人材之見重也」、「文字之趨簡也」、「講學之風盛也」，也都跟社會自由有很大的關聯。現在的年輕人有時或者會覺得清末民初的人物都是老古董，但看看梁啓超就知道，他的思想之新銳先鋒不在現在很多人之下。正因爲梁啓超把學術思想看得如此之重，因此，該書欲總結中國固有學術思想之得失，以西方文化參補之，從而恢復上古與中古時代「我中華第一也」的學術「最高尚最榮譽之位置，而更執牛耳於全世界之學術思想界」。百年之後，看見這樣的雄心壯志，真是讓人唏噓不已。

再如錢基博先生。現在的讀者如果知道錢基博大概多是因爲錢鍾書的緣故，但錢基博先生本身就是碩學鴻儒，父子同爲大師，此等情形較爲罕見。四書解題及其讀法（商務印書館一九三一年出版）亦是錢基博的代表作之一。四書是儒家傳道授業的基本教材，亦是儒學的重要原典。錢基博説他在四十歲時遇見梁啓超，梁啓超送他一本要籍解題及其讀法，他有不同看法，於是成就四書解題及其讀法一書。錢基博的四書解題，回到朱熹的「大語孟中」的次序，所謂「不先乎大學，則無以提綱挈領，而盡語孟之精微；不參之論孟，則無以融會貫通，而極中庸之指趣」。或則，「先讀大學，以立其規模，次及語孟，以盡其蘊奧，而後會其歸於中庸；蓋以爲學之程序，而第其書之先後也」。衆所周知的是，錢基博不是那種關門閉户死讀書的腐儒，而是心憂天下的君子。就在該書的序言裏，他亦不忘表露初衷：「今四十歲，飽更世患，民治革政，共而不和，争民施奪之既久，寖尋以至今日，又見有專無制，哀哉耗已！末法披昌，人將相食！窮則反本，緟温故書，然後知聖人憂世之情深，仁民之道大也！繕寫既定，而爲考鏡原流，發明指意，於文章典籍之中，得其辨名正物之意，庶幾尼山正名之意云爾！」在錢基博這樣的學人眼裏，做學問跟憂世仁民大有關聯。

這些學者當中，無疑以梁漱溟（一八九三年—一九八八年）的世俗名氣爲最大，在現當代中國歷史上，梁漱溟是一位罕見的絶不阿世媚俗的有風骨的文人。梁漱溟自謂：「我自十四歲進入中學之後，便有一股向上之心驅使我在兩個問題上追求不已：一是人生問題，即人活着爲了什麽，二是社會問題亦即中國問題，中國向何處去……總論我一生八十餘年（指十四歲以後）的主要精力心機，無非都用在這兩個問題上。」梁漱溟曾經兩度自殺，可見其苦悶至深。一九一六年，二十三歲的梁漱溟即寫成究元决疑論，在東方雜誌連載，引起轟動。正因爲是書，二十四歲的梁漱溟被蔡元培校長延聘，進入北大教授印度哲學。關於究元决疑論之緣起，梁漱溟説：「於爾所時，舊執既失，勝義未獲；憂惶煩惱，不得自拔。或生邪思邪見；或縱浪淫樂；或成狂易；或取自經。如此者非財寶事物之所得解，唯法得解……所謂佛學如實論與佛學方便論之二部，前者將以究宣元真，今命之曰『究元第一』；後者將以决行止之疑，今命曰『决疑第二』。世之所急，常在决疑，又智力劣故，不任究元，以是避諱玄談，得少爲足。且不論其所得爲似爲非。究理而先自畫，如何得契宇宙之真？不異於立説之前，自暴其不足爲據。欲得决疑，要先究元。」所謂「究元」，亦即「佛學如實論」，探討宇宙本體問題，揭示佛法的核心教義乃爲「無性」，「無性」亦即「無自性」，世間萬事萬物皆是因緣和合，並無自體自性，如斯則從根本意義上省悟宇宙人生之真相。所謂「决疑」，亦即「佛學方便論」，討論現象界的問題，以究元所得的佛法宇宙人生真諦來認識和指導現實的社會人生。「究元」是佛教立場的本體論，「決疑」是建基於佛教之上的人生觀。欲得決疑必先究元；先解決本體問題，則人生問題就好順勢而爲。值得一説的是，五四時期，中國學術界跟國際社會基本接軌，信息傳遞大體同步。例如，古斯塔夫·勒龐（彼時譯爲魯滂）的各種學説都被悉數譯介，如新物質論甫一翻譯，即被梁漱溟消化，以兹與佛家性空學説參觀對照，按照勒龐的説法，以太是宇宙的本體，以太的「渦動」即爲物質，「渦動」停止物質消滅的過程中派生各種「力」，「力」是同一物的不同形式。梁漱溟認爲以太跟佛家的如來藏或阿賴耶相類似，「渦動」相當於忽然念起，「此渦動便是無明」。除此之外，梁漱溟對各種西方哲學瞭如指掌，例如，他以康德的現象與「物如」（物自體）之分，休謨的不可知論，來印證佛家元哲學之三義：「不可思議義，自然(Nature)軌則不可得義，德行(Moral)軌則不可得義。」復以叔本華的盲目衝動和意欲之説，柏格森的生命哲學來論證「人生基本是苦」的結論，唯有以佛法爲精神支柱，方能安穩自我，清静自守。

相對來説，馮承鈞先生（一八八七年—一九四六年）鮮爲人知。馮承鈞早年留學比利時，後赴法國巴黎大學，主修法律。一九一一年獲索邦大學法學士學位。續入法蘭西學院師從漢學家伯希和。馮承鈞歸國後，曾任北京大學歷史系教授、北京師範大學歷史系教授。馮通曉法文、英文、比利時文、梵文、蒙古文、阿拉伯文、波斯文，兼及古回鶻語、吐火羅語和蒙語八思巴字，並精通中國史籍，在歷史學、歷史地理學、歷史語言學和考古學等方面都有較深的造詣，在史地研究考證方面卓然成家。馮承鈞畢生研究中外交通史和邊疆史，著譯既多且精，是民國時代重要的中外交通史家。馮承鈞從金石書畫以及方誌内裒集了元代的白話聖旨碑，成爲一書，此即元代白話碑，概述元朝白話碑文的歷史背景，並對於元代白話語法加以研究討論。關於歷代求法翻經録，馮承鈞在其叙言中説：「求法傳經二事之重要，已爲西方學者所共知……第此種史料，多散見於釋藏傳記譜録之中。初學不易尋檢。余不敏特爲鳩集舊文，參以新證，凡關於求法翻經之事，皆撮録其要……彙爲一編，名曰求法翻經録。」由此可知，該書是一本資料薈萃之編。

另有兩位不大爲後人所知的學者。一位是江恒源（一八八五年—一九六一年）。江恒源是一位教育家，他的中國先哲人性論是作者一九二四年用八十天的時間寫成的專著，將先秦到明清之際的諸多先哲跟人性有關的觀點、思想娓娓道來。作者認爲，總體來説，中國哲學的起源，和歐洲有點不同。歐洲哲學以「求知」爲出發點，中國哲學以「利行」爲出發點。歐洲人説「哲學起於驚異」，而中國哲學一切以現實認識爲根據……這幾句話要言不煩，道破中西哲學之差異。另一位是熊㝱（一九〇二年—一九八三年）。一九三一年，熊㝱留學美國華盛頓州立大學，獲經濟學博士學位，回國後任國民黨中央政治會議經濟組專門委員。一九三九年出任沅陵税務局局長。一九四〇年冬掛冠歸里，應聘爲三民中學教務主任。熊㝱一生著述頗豐，著有墨子經濟思想史、晚周諸子經濟思想史、江西省財政概況、湖南省財政概況等。其中，晚周諸子經濟思想史算得上是中國經濟史的奠基之作之一。該書綜述道儒法墨四家的經濟思想，同時對百家思想多有論略。

另外三位先生，湯用彤（一八九三年—一九六四年）、朱謙之（一八九九年—一九七二年）、蔡尚思（一九〇五年—二〇〇八年），知名度不大不小，但其實都是極具分量的重要學者。一般認爲，湯用彤是現代中國學術史上少數幾位能會通中西、接通華梵、熔鑄古今的國學大師之一。他的竺道生與涅槃學是其重要的學術著作之一。竺道生是東晉時期的著名高僧，是鳩摩羅什的弟子。竺道生認爲那些斷了善根的人也可以成佛，他又主張頓悟成佛，這些都不是主流的觀點。竺道生是東晉最著名的涅槃學者，他把作爲精緻哲學形態的般若學和粗俗的成佛説教結合起來，着重闡發涅槃佛性説，認爲「真空妙有」契合無間，開創佛教一代新風，因此被尊爲「涅槃聖」。朱謙之是二十世紀著名歷史學家、哲學家和東方學家，亦有「百科全書式學者」的美譽。他年輕時曾經短暫出家爲僧，後來發現，佛教不能實現自己的夙願，因此跟佛門斷絕關係。他主張宇宙人生是一股真情之流。他的中國思想對於歐洲文化之影響（一九四〇年出版）一書的寫作，歷時五年，他自認爲是「最細心結撰的一部著作」。朱先生認爲，東西文化各有其自身的歷史特徵，但是，這並不妨礙它們同時通過各種途徑接受、吸納對方的影響。在十七至十八世紀，中國哲學文化給予歐洲思想界的影響歷歷可數。在十六至十七世紀則以來華的耶穌會士爲媒介，中國哲學文化特別是孔子哲學被廣泛譯介到歐洲大陸，成爲歐洲理性時代來臨的外來思想條件。東西文化的相互影響、接觸，給世界文明帶來了强大的推動力。朱謙之先生的這部重要的著作，對於研究中西方文化史的後來學者，仍然是一座繞不過去的學術高峰。蔡尚思先生是哲學家，亦是中國思想史專家。他出版中國三大思想之比觀一書時是二十八歲，寫成則是二十四歲，而在此前的二十一歲時，他就寫成了研究孔子哲學、老子哲學和墨子哲學的專著。所謂中國三大思想，指的是老孔墨三家。蔡尚思先生將三家思想的方方面面比較對照，細緻而又周全。例如，他認爲老子是藝術的，墨子是功利的，孔子則介乎兩者之間；老子以死天爲主，活人法死天，無爲自然；孔子以天鬼爲名，以君王爲實，視天子嚴君如天帝鬼神；墨子以活天爲主，視死天如活人，兼愛交利……這些比較十分具體，發人深省，後之學者反而不做如此細緻的功夫了。

即使是非常粗略地瀏覽民國學人的著述，也不難發現一點，這些學者何以在年紀輕輕時就已經開始著書立説，而且水準頗高？我們站在新中國的立場回望，覺得彼時天地之舊，但如果他們站在辛亥革命之後前瞻，或許看見的全是風物之新。因此，當時的人或者滿是志氣，要在新天地有所作爲。及至戰亂迭起，他們更是堅定了文化返本開新的决心。從教育的角度來説，當時的精英教育使能够接受教育的人都是英才，而這些教育英才的人和英才自己也都非常珍惜機會，所以成才率顯然比今天高。中外學術思想交流的順利和及時，也是民國學術思想繁榮的一個原因。我們看梁漱溟等人的書，不難發現他們對國外各種思想潮流都瞭如指掌，各家各派的學説都被拿來爲我所用。當然，學術思想的相當自由也保證了這些學者在著書立説時，較少外部顧慮，一心把書寫成、把文章做好就對了。這些其實遠遠不算完美的局面，仍然因爲日本人的侵略而被打斷，内戰的影響也顯而易見。及至新中國建立，學術範式、語言、議題、旨趣等等完全轉型，一個時代就這樣結束了。

因此，今天我們重温民國學人的思想，除了瞻仰他們曾經到達的思想高度之外，也是順便看看，學術思想在一種相對自然而正常的情況下，可以呈現出一種怎樣的風貌，結出怎樣的碩果，而於我們中國人會有怎樣的信心跟鼓勵。值得慶幸的是，二十世紀八十年代開始，我們又回到了一個總體來説學人可以有所作爲的環境中，至於新世紀的學人可以取得怎樣的成就，在很大程度要看個人自己的努力和争取了。

作者簡介

梁漱溟（一八九三年—一九八八年）著名學者，思想家、教育家、社會活動家、愛國民主人士，主要研究人生問題和社會問題，現代新儒家的早期代表人物之一。在近代思想界、教育界有重要而廣泛的影響。

蔣維喬（一八七三年—一九五八年），教育家、哲學家、佛學家、養生家。字竹莊，别號因是子，江蘇武進人。

他早年致力于教育事業，曾任教育部秘書長、江蘇省教育廳長、東南大學校長等職。後皈依諦閑大師，法名顯覺，乃成爲虔誠的佛教徒。後又親隨太虚大師學習因明學。新中國成立後，曾任江蘇省人民政府委員、上海文史研究館副館長等職。蔣維喬還是我國倡導科學静坐養生的第一人。其主要著作有因是子静坐養生法、因是子健康養生經、中國佛教史、佛學綱要、中國近三百年哲學史、世間禪等書。其中中國佛教史亦風行一時。

梅光羲（一八八〇年—一九四七年）近代著名唯識學家，字擷雲，江西南昌人。青年時期因受到總督張之洞的賞識，派遣至日本陸軍振武學堂學軍事，畢業後又入早稻田大學學習政治經濟，回國後任湖北提法司使，入民國後在司法界任職。

早年師從楊仁山研究唯識，卓然成家，一九三一年，在海潮音雜誌發表相宗新舊兩譯不同論一文，爲佛教學者所重視。晚年，忙于佛學寫作。遺留有唯識學著作多種，主要有相宗綱要、相宗綱要續篇、相宗史傳略録、大乘相宗十勝論等多種。

目次

究元決疑論……一
究元第一……三
決疑第二……一八
附錄
三論宗之宇宙觀……三五
三論宗之人生觀……四三
相宗新舊兩譯不同論……五九

究元決疑論

梁漱冥著

論曰譬有親族，戚黨，友好，或乃陌路逢值之人，陷大憂惱病苦，則我等必思如何將以慰解而後卽安。又若獲大園林，淸妙殊勝，則我等必思如何而將親族，戚黨，友好乃至逢值之人相共娛樂而後乃快。今舉法喻人者，亦復如是。此世間者多憂，多惱，多病，多苦，而我所信唯法得解；則我面值於人而欲貢其誠款，唯有說法。又此世間有種憂惱病苦最大最烈，不以乏少財寶事物而致，亦非其所得解。此義云何？此世間是大秘密，是大怪異，我人遭處其間，恐怖猶疑不得安穩而住。以是故，有聖智人究宣其義，而示理法，或少或多，或似或非，我人懷次若有所主，得暫安穩。積漸此少多似非暴露省察，又滋疑怖；待更智人而示理法，如是常有嬗變。少慧之氓，蒙昧趨生，不識不知。有等聰慧之倫，善能疑議思量，於爾世理法輕蔑不取。於爾所時，舊執既失，勝義未獲；憂惶煩惱，不得自拔。或生邪思邪見，或縱浪淫樂；（遠生想影錄所謂苟爲旦夕無聊之樂）或成狂易，或取自經。（想影錄所謂精神病之增多緣此自殺者亦多）如此者非財寶事物之所得解，唯法得解。此憂惱狂易，論者身所經歷；（辛亥之冬壬子之冬兩度幾取自殺）今我得解，如何面值其人而不爲說法，使相悅以解，獲大安穩？以是義故，我而面人，貢吾誠款，唯有說法。然此法者是殊勝法，是超絕法，不如世間諸法易得詮說。我常發願造論曰『新發心論』，閱稔不曾得成。而面人時，尤恐倉卒出口，所明不逮所晦，以故衷衷篤念，終不宣吐；迨與遠遠，則中心悢悢，如負歉疚。（吾於遠生君實深衷此恨者也）積恨如山，亟思一償，因雜取諸家之說，乃及舊篇，先集此論。而其結構略同新發心論之所擬度，所謂佛學如實論與佛學方便論之二部。前者將以究宣元眞，今命之曰『究元第一』；後者將以決行止之疑，今命曰『決疑第二』世之所急，常在決疑；又智力劣，故不任究元，以是避諱玄談，得少爲足。且不論其所得爲似爲非，究理而先自畫，如何得契宇宙之眞？不異於立說之前，自暴其不足爲據。欲得決疑，要先究元。述造論因緣竟。

究元第一　佛學如實論

欲究元者略有二途：一者性宗，一者相宗。性宗之義，求於西土，唯法蘭西人魯滂博士之爲說彷彿似之。吾舊見其說，曾以佛語爲之詮釋。今舉舊稿，聊省撰構。

乙卯年楞嚴精舍日記云：『魯滂博士（Le Bon, Gr. G-）造物質新論（Lhe Evolution of Matter），余尚未備其書，閱東方雜誌十二卷第四五號黃士恆譯篇，最舉大意。其詞簡約，不過萬言，而其精深宏博已可想見。爲說本之甄驗物質，而不期乃契佛旨。余深憾皈依三寶者多屑受盲從，不則恣爲矯亂論，概昧道眞。不圖魯君貌離，乃能神合，得之驚喜。因摘原譯，加以圈識，幷附所見。

魯君舉八則爲根本:

(一)物質昔雖假定不滅,而實則其形成之原子由連續不絕之解體而漸歸消滅。

(二)物質之變爲非物質,其間遂產出一種之物。據從來科學主張,物體有重,而以太無重,二者如鴻溝;今茲所明,乃位於二者之間者。

(三)物質常認爲無自動力,故以爲必加外力而始動。然此說適得其反;蓋物質爲力之貯蓄所,初無待於供給,而自能消費之。

(四)宇宙力之大部分,如電氣日熱,均由物質解體時所發散原子內之力而生者也。

(五)力與物質同一物而異其形式。物質者卽原子內力之安定的形式,若光熱電氣爲原子內力之不安定形式。

(六)總之原子之解體與物質之變非物質,不外力之定的形式變爲不定的形式。凡物質皆如是不絕而變其力也。

（七）適用於生物進化之原則，亦可適用於原子。化學的種族與生物的種族，均非不變者也。

（八）力亦與其所從出之質同非不滅者。

魯云：「原子者乃由以太之渦動而形成者也。非物質之以太能變成巖石鋼鐵。」「凡物質之堅脆，由迴轉速度之緩急。」「運動止，則物質歸於以太而消滅。」

又云：「光者不過有顫動特性之以太之失平衡者，復其平則滅。」「宇宙之力以質力二者失其平衡生，以復平滅。」

又云「物質有生命且易感應。」「物質化非物質者今所獲有六種質，漸分解歸於萬物第一本體不可思議之以太者也。」「物體因然燒或其他方法而破壞，斯爲變化，而非滅；可由天平不滅其分量驗之，而所謂滅乃一切消失。」

又云：「此以太之渦動與由此而生之力如何而失其自性而消歸於以太乎？

如液中旋渦以失平遂顫動，放射周圍，轉瞬而消滅於液中。」

又云：「宇宙無休息，縱有休息之所，非吾人所住之世界；而其間亦必無生物。死非休息也。」

又總括之云：「一翕聚其力於物質之形之下，二其力復漸消滅，此爲一循環；幾千萬年更爲新輪迴。」（按此則猜度之談）」

漱溟曰；魯滂所謂第一本體不可思議之以太者，略當佛之如來藏或阿賴耶。起信論云：『不生不滅，與生滅和合，非一非異，能攝一切法生一切法』者是也。魯君所獲雖精，不能如佛窮了，此際亦未容細辨。以太渦動形成原子，而成此世界。此渦動即所謂忽然念起何由而動，菩薩不能盡究；故魯君亦莫能知莫能言也。世有問無明何自來者，此渦動便是無明，其何自則非所得言。渦動不離以太，無明不離眞心。渦動形成世界，心生種種法生。然雖成世界，猶是以太，故起信論云：『是心從本已來自性清淨而有無明，爲無明所染有其染心，雖有染心而常恆不變。』又云：『衆生本來常住涅槃，菩提之法非可修相，非可作相，畢竟無得。』又云：『因無明風動，心與無明俱無形相，不相捨離；而心非動性，無明滅，相續則滅。』此相續卽質力不滅之律。然渦動失則質力隨滅，故無明滅相續則滅也。『然所言滅者唯心相滅，非心體滅。如風依水而有動相，若水滅者則風相斷絕，無所依止。以水不滅，風相相續唯風滅，故動相隨滅，非是水滅。』（起信論）蓋滅者謂質力之相續滅，而消歸於以太；非以太滅。楞嚴云：『如水成冰，冰還成水。』般若云：『色卽是空，空卽是色。』色謂質礙，卽此之物質。唯魯君亦曰：『非物質之以太能變成巖石鋼鐵。』又曰：『力與物質同一物而異其形式。』楞嚴正脈疏云：『權外多計性爲空理，而不知內有空色相融。』又云：『深談如來藏中渾涵未發色空融一如此。』魯君亦可爲能深談者矣。

佛云：『厭生死苦，樂求涅槃；』又云：『生死長夜。』唯魯君亦曰：『宇宙無休息，縱有休息之所，亦非吾人所住之世界；而其間亦必無生物。死非休息也。』此無休息卽質力之變化，亦曰因果律，亦曰輪迴。死本變化中事，不爲逃免。出離此大苦海，唯修無生；相續相滅，乃曰出世間。世有游棲山林，自以爲遯世者，非可爲遯矣。然無明無始，無明非眞生滅眞如了不相異，畢竟不增不減。楞嚴云：『性眞常中求於去來迷悟生死了無所得』故魯君亦曰：『如液中旋渦以失平，遂顫動放射周圍，轉瞬而消滅於液中。』

楞嚴尅就根性，直指眞心，乃至五陰六入十二處，十八界，七大，一切世間諸所有物，皆卽菩提妙明元心。正脈疏云：『前言寂常妙明之心最親切處現具根中，故尅就根性，（補注，根卽 Organ 如眼耳鼻舌等）直指眞心。然雖近具根中而量周法界，徧爲萬法實體。』試問此除却以太尙有何物？印以魯君之說，權位菩薩不須疑怖矣。更卽其至顯極明者明之。如受陰云：『又掌出故，合則掌知，離則觸入，臂腕骨髓應亦覺知入時蹤跡；必有覺心知出知入，自有一物身中往來，何待合知，要名爲觸？』又如火光云：『日鏡相遠，非和非合，不應火光無從自有？』

（首楞嚴經）夫此受陰何以不覺蹤跡往來而有？火光何以不待日鏡和合而有？此非習知所謂以太者邪？即此以太便是的的眞如法性，經文所謂『本非因緣，非自然性，清淨本然，周徧法界』者，取而審諦之，躍然可見。佛說固以魯君之言而益明，而魯君之所標舉，更藉佛語證其不誣焉。

正脈疏又云：『凡小觀物非心，權教謂物爲妄，今悟全物皆心，純眞無妄也。』按此語可謂明顯之至，凡小覯物非心，即世俗見物實有，與此心對；權教謂物爲妄，意指唯識之宗，亦卽西土唯心家言；全物皆心純眞無妄，乃釋迦實教，法性宗是。西土則唯魯君彷佛得之。

此中所表是何種義？謂所究元者不離當處，『本非因緣，非自然性，清淨本然，周徧法界』；魯君之所謂以太是也。

復次相宗者，吾舉三無性義。摘取三無性論及佛性論：

『一切有爲法，不出此分別（偏計所執性）依他（依他起性）兩性。此兩性旣眞實無相無生，由此理故，一切諸法同一無性。是故眞實性（圓成實性）以無性爲性。』

『分別性者無有體相，但有名無義世間於義中立名，凡夫執名分別義性，謂名卽義性，此分別是虛妄執，此名及義兩互爲客故，由三義故，此理可知。一者先於名智不生如世所立名。若此名卽是義體性者，未聞名時卽不應得義，既見未得名時先已得義；又若名卽是義，得義之時卽應得名；無此義故，故知是客。二者一義有多名，故若名卽義性，或爲一物有多種名，隨多名故應有多體，若隨多名卽有多體，則相違法一處得立此義證量所違；無此義故，故知是客。三者名不定故，若名卽是義性，名既不定，義體亦應不定；何以故？或此物名目於彼物，故知名則不定，物不如此；故知但是客。復次，汝言此名在於義中云何在義？爲在有義？爲在無義？若在有義，前此難還成；若在無義，名義俱客。』（三無性論）

『分別性由緣相名相應故得顯現。』（佛性論）

『由僻執熏習本識種子能生起依他性爲未來果，此僻執卽是分別性，能爲未來依他因也。分別性是惑緣，依他正是惑體。此性不但以言說爲體，言說必有所依故。若不依亂識品類名言得立，無有是處。若不爾所依品類旣無有，所說名言則不得立。（東於分別性）』（三無性論）

『依他性緣執分別故得顯現。依他性者有而不實，由亂識根境故是有，以非眞如故不實。』（佛性論）

茲更摘此土白衣章炳麟建立宗教論之說依他性云：

『第二自性，由第八阿賴邪識，第七末那識與眼耳鼻舌身等五識，虛妄分別而成。（中略）賴邪唯以自識見分緣自識中一切種子以爲相分，故其心不必現行，而其境可以常在。末那唯以自識見分緣阿賴邪以爲相分，卽此相分便執爲我，或執爲法，心不現行，境得常在，亦阿賴邪識無異。（因爾不得省知其妄）五識唯以自識見分緣色及空以爲相分，心緣境起，非現行則不相續，境依心起，非感覺則無所存。而此五識對色及空不作色空等想。末那雖執賴邪以此爲我以此爲法，而無現行我法等想，賴邪雖緣色空自他内外能所體用一異有無生滅斷常來去因果以爲其境，而此數者各有自相，未嘗更互相屬，其緣此自相者亦唯緣此自相種子，而無現行色空自他内外能所體用一異有無生滅斷常來去因果等想。此數識者非如意識之周偏計度執著名言也，(因無想故)卽依此識而起見分相分二者，其境雖無，其相幻有，是爲依他起自性』。

此中所表是何種義？謂所究元者唯是無性。唯此無性是其眞實自性。分別性者但有名言，多能遮遣；唯依他性少智人所不能省。若離依他便證圓成，自佛而後乃得究宣。合前義言，所云周徧法界者，一切諸法同一無性之謂也。

二說既陳，緣得建立三種義：一者不可思議義，一者自然（Natural）軌則不可得義，一者德行（Moral）軌則不可得義。

不可思議義云何？謂所究元者以無性故，則百不是：非色，非空，非自，非他，非内，非外，非能，非所，非體，非用，非一，非異，非有，非無，非生，非滅，非斷，非常，非來，非去，非因，非果。以周徧法界故，則莫不是：卽色，卽空乃至卽因，卽果。夫莫不是而百不是斯眞絕對者。世間凡百事物，皆爲有對。蓋『人心之思歷異始覺，故一言水必有其非水者，一言風草木必有其非風非草非木者，與之爲對，而後可言可思。』（嚴譯穆勒名學）若果爲無對者，『則其別旣泯，其覺遂亡，覺且不能，何從思議？』（同上名學）以是故，如來常說不可思議，不可說，不可念，非邪見之所能思量，非凡情之所能計度。以是故，我常說凡夫究元，非藉正法（佛法）不得窮了。所以者何？亡其覺故，云何而得窮了？要待窮了，須得證得。世有勇猛大心之士，不應甘於劣小也。

此不可思議義，西士明哲頗復知之：如康德所謂現象可知，物如不可知。叔本華亦曰，形而上學家好問『何以』，『何從』，不知『何以』之義等於『以何因緣』，而空間時間之外安得有因果？人類智靈不離因果律，則此等超乎空間時間以外之事安得而知邪？斯賓塞亦有時間不可知，空間不可知，力不可知，物質不可知，流轉不可知等。赫胥黎亦云，物之無對待而不可以根塵接者，本爲思議所不可及。略舉其例，似尙不止此。而有凡夫妄人於此最元以世間法共相詰難。或云『無明無始，詎有終邪？阿賴邪含藏萬有，無明亦在其中，豈突起可滅之物邪？一心具眞如生滅二用，果能助甲而絕乙邪？』或云『生滅由無明，然無明果何自起？』（陳獨秀藍公武之說如此，尙不止此二人。）縱有謹嚴邏輯，終爲無當。所以者何？『其物皆不二而最初，無由推證其所以然。』（穆勒名學）『雖信之而無所以信者之可言。』（同上名學）非復名學所有事，是以十四邪問，佛制不答。

自然軌則不可得義云何？謂無性者云何有法。世間不曾有軌則可得。所以者何？一切無性故。又者所究元不可思議，卽宇宙不可思議。宇宙不可思議卽一事一物皆是不可思議。不可思議，云何而可說有軌則？以是義故，我常說世間種種學術我不曾見其有可安立。如斯賓塞言旣種種不可知，而其學術又不離此而得建立，則所謂學術者又云何而爲可知？然則若是者學術不異構畫虛空邪？曰是誠不遠。三無性論云：『言說必有所依，故若不依亂識品類名言得立無有是處。』又釋云：『此中言名言決有所依止，以依他性爲所依；由有依他性故，得立名言。』學術云者以有依他性而後得立。依他幻有，學術云何得實？如魯滂言以太渦動而生種種變化，學術云者以有變化而後得立。變化非眞，學術云何得實？方變化，方不變化，（滅則不變化）云何而得於中畫取一界以爲學術之基？此土石埭長老有言，所謂窮理者正執取計名二相也。（論宋儒理學）今所云愛智者，正不異此。康德雖言三大原理爲庶物現象之所循由而不可避；而物如亦循此否，則謂未可知，以物如不可得知故。使吾人若有確見物如之時，則三定理者不爲眞理，亦未可知。且三理者謂凡吾考察能及之物莫不循之云爾；雖然，我之所實驗者未足以盡物之全，或所未及者猶多多焉，亦未可知。則是猶能不執著者，輓近發明而往世所立軌則，多以破壞，正以往之以爲莫不循之者，而今乃得其竟不循之者。以吾所測，後此破壞益多，將成窮露。此即無可安立之義也。

德行軌則不可得義云何?(此軌則非規矩之謂,卽俗云倫理學原理。)德行唯是世間所有事,世間不眞,如何而有其軌則可得?其所憑依而有,唯是依他,不異自然。所云良知直覺主宰制裁,唯是識心所現,虛妄不眞。比聞輓世心理學家之說,明謂心實無『道德感』之能力;雖足遣往世之執,要亦妄談,不曾得眞。茲爲抉其根本,其餘浮談不遣自空。根本云何?所謂自由(Free will)與有定(Determinism)是。(此爲心理學倫理學根本問題)若心自由者則能柬擇善惡等而取舍之,以是故,德行得立。若心範圍於有定者,則不能柬擇取舍,以是故,德行則不得立。夫有定云者,此卽有自然軌則不可避之義也;前義既陳,此說決定不成。自由云者合前不可思議義,亦不得說云自由不自由。而況於此輪迴世中,妄法之心,云何而可說爲自由?康德所立眞我自由之義,但是虛誣。所以者何?彼以德行責任反證必有自由,德行責任未定有無,於此唯是假設,假設所證,亦唯是假,豈成定論?又其既言自由之義,而又云『苟有人焉爲精密之調查,舉吾人之持論,吾人之情念,一切比較實驗之，尋出所循公例，則於吾人欲發何言，欲爲何事，必可豫知之不爽毫髮，如天文家之豫測彗星豫測日月食者然。』夫既自由，則發言作事，要待其自由柬擇，如何又循公例而可豫測？相違法一處得立，不應道理。（按此錄康德語，本於梁卓如之述康德學說。梁於其間多以佛義相比附，紕繆百出，不可勝言。其於此處，舉佛一切衆生有起一念者我悉知之之言爲注，以爲佛之治物理學較深於吾輩耳，無知妄談，不可不辨。蓋佛言唯是六通照察之意，與世間人求軌則者，一眞一妄，截然不同。故佛知未來與衆生自由不自由無涉。康德之言則非衆生不自由必不得成，所以純是妄想也。）是故當知，自由有定，兩俱不成。若能雙遣，亦能俱成。輪迴世間不得解脫，是不自由義，發心趣道卽證菩提，是不有定義。綜核其言，唯是不可思議，云何而德行軌則可得安立？至於良知直覺，識心所現，本來不眞，而不可謂無。彼土心理家未嘗證眞，而說爲無亦妄言耳。至於樹功利之義，以爲德行之原，虛妄分別，更劣於此。

究元既竟，有爲世人所當省者，則所有東西哲學心理學德行學家言，以未曾證覺本元故種種言說無非戲論。聚訟百世而不絕者，取此相較，不值一笑。唯彼土苴，何足珍饌？撥雲霧而見青天，舍釋迦之教其誰能？嗚呼希有希有！！！（種種聚訟，非常之多，誠了三義，不遣自空。然爲破世惑故，當另爲論，一一刊落之。）

決疑第二　佛學方便論

既究元者，則知無有中，幻有世間。所謂忽然念起，因果相續，遷流不住，以至於今。此遷流相續者，魯滂所謂變化無休息，達爾文、斯賓塞所謂進化，叔本華所謂求生之欲，柏格森所謂生活，所謂生成進化，莫不是此。而柏格森（Bergson 即想影錄之別克遜）之所明，尤極可驚可喜。今欲說世間者，因取以入吾論。

生活者知識緣以得有之原，又自然界緣以得有象有序爲知識所取之原也。哲學之所事，要在科學所不能爲，即究宣此生活而已。此生活之原動力，此生活所隱默推行之不息轉變進化，此慧性使認取物質世界，而又予物質以覈實不假；時間之現象，布露於空間。故眞元者非此覈實之物質，亦非有想之人心，但生活而已，生成進化而已。(The philosophy of change. by H. Wildon Carr. 十四葉)

慧性之於心猶眼耳之於身，當於進化程中，(按此柏之生成進化 Creative Evolution 不廑如進化論者之所云)此身受有五根，使得領納眞實外界之所現示，同時限制此現示之區界及法式。故慧性者所以專予乎心，使知見外界之眞實而亦同時限制其所能爲之區界，與其性格者也。(同上二十二葉)

此進化之第一步大分派，即植物與動物，其一趨於不能動而無知，其一趨於能動而有知。繼更分有脊骨動物，以吾人類造其極，無脊骨動物以蟻與蜂臻其最高之發展。此進化之兩大派，成兩法式之行爲：一則性能 (Instinct)，一則智能(Intelligence)也。(同上七十九葉)

然則物質者何云何而現？其實但遷流而已。然非如科學及常識個個物皆流行轉變之意也。此謂流行轉變便是此個個之物，而更無其他也。實未嘗有物去流行轉變，但個個物卽是流行轉變而已。流動斯現，不動則不現。今日雖束縛於物質實在之物質科學，亦莫不歸向此論焉。（以下爲說略同魯滂）（同上二十九葉）

此中所表是何種義？謂一切生物之慧性，卽人之八種識心，但是隱默推行之不息轉變所謂進化者之所生成。而識心所取之現象，又卽是此不息之轉變，此不異爲佛學解說其依他性所由立也。云何依他幻有？此生成之識心與所現之物象不得直撥爲無故，有此隱默推行之不息轉變以爲其本故。故善說世間者莫柏格森若也。然說世間愈明，世間之妄愈碻。柏氏舉一切歸納之於不息轉變，以爲唯此是眞，而求其原動力則不得，此無他，彼未嘗證得圓成實性（卽眞如卽涅槃）故不了其爲依他故。不了其爲淸淨本然之眞心（卽魯滂之以太）之忽然念起也。依他必待證得圓成始了，此其所以難。而知諸外道異教之說世間爲妄者，亦但是姑妄言之耳。常見世間凡夫頗有舉人生目的以相揚搉者。或云德行，或云快樂，或云利他，或云功名，或云蕃衍子姓，或云克祀祖宗。姑不論其所樹唯是愚執。目的之云，本謂行趨之所取。今人生就其全歷史而言，已數萬千年；就個體言，已數十年。譬猶趨行旣遠，忽而審議此行爲何所取，卽此揚搉之一念，已暴露其本無目的。藉使揚搉而後有所定歸，則已非此行之目的；故人生唯是無目的。夫無目的之趨行，云何而可追憶其行趨之緣何而有？彼凡夫疑正法者，究問緣何忽然念起？緣何無明得起？正不異此。亦卽以此忽然念起所以爲妄。無目的之行爲俗所謂無意識之舉動，無一毫之價值者，而卽此號稱最高最靈之人類數千年之所爲者是矣！不亦哀哉！人生如是，世間如是。然則我當云何？云何行？云何住？此所謂決疑也。於是略得兩義：一者出世間義，一者隨順世間義。

出世間義云何？謂旣了人世唯是從淸淨本然中，虛妄而成，云何而不舍妄取眞？

如來一代大教，唯是出世間義而已。然世間凡夫耽著五欲，又見世間峙然環立，信此爲實，出世爲虛，雖語之正法，常生違距。或者以爲藉使世間妄有，而無始以來既已如此，未來更連緜未已，斷妄云何可成？或者以爲藉使世間妄有，而無始以來既已如此，何必定求眞者？今爲樹出世間義故，決當取而決之。

一者，斷妄云何可成說。夫妄之云何而成，唯是不可思議，則離妄成眞云何而可思議？問斷妄云何可成，與問妄云何而成者，正無有異。若知從眞中竟可成妄，則知從妄中定可成眞。是故問者既容認世間是妄，即不當設此難。諸佛親證云何不成，乃至輓世或幷世中亦有有證詣者，如石埭長老去來自如，世難未發，先已照見。（長老於辛亥八月十七日圓寂之事世多知之，近人筆記亦載）其餘眼通耳通，未來通，通世間頗有其事。蓋眞心本量周法界，自妄還眞，其事至順。山河大地雖峙然而立，合以魯滂柏格森之義，流動斯現，不動斯滅，衆生妄斷，大地亦空。佛語自始無一分之虛也。

一者，何必求眞說。夫求眞而云何必，其人之庸猥劣下，已不足言矣。然此徒以貪世間之樂而不肯舍耳。取彼所迷爲樂者，而詔之以唯是苦，庶其發勇猛心，趨菩提路邪？眞妄之義，本不易了，苦樂迫切心身，辨思所始，究討有獲，出世想生，自來莫不然矣。吾未冠而好窮世相，苦樂之眞，得之彌早。餘杭有俱分進化論，其言苦樂駢進，略相脗合。近讀英人馬格雷所述叔本華學說，具言其有得於東方之化；而審其立義不出吾曩日之舊，猶未慊心。求適吾用，仍追憶昔所思茸而敷陳之（間采兩家言辭及今義釋之）於此吾嘗立四者以爲根本：

一，欲晐感覺言。感覺謂五根之所領納，如目悅美，身感痛。領納之先，雖不曾起求美歫痛等想，唯是潛伏不露，要得說爲欲。今叔本華之說欲視此更廣，舉無機物之力如石落水流亦歸內於此，而喻之云『黎明時之微曙，要與中午晧晧之光同享日光之名也。』合柏格森生成進化之義，植物之有感，動物之有欲，固非異物也。

二，苦樂唯因欲有；若無欲時亦無苦樂。因有欲，（晐感覺）乃有苦樂等受；若無欲，（晐感覺）自無苦樂等受。

三，苦者欲不得遂之謂，此外無他義；苦之輕重，視其欲之切否。苦晐括一切煩惱，憂悲，病痛言之。審所由生，唯因有所欲而不得而然；若無此欲，不生此苦。苦之定義如此，不許更有他義。所欲篤切而不得遂，則苦亦重；所欲不切，雖不遂，苦亦輕，此卽常情可得。

四，樂者欲得遂之謂，此外無他義；樂之薄甚，視其欲之切否。同前釋而反之，其義可得。樂亦包一切表樂之名而言。

此平平無奇，盡人可識之四條件，實已將世間說苦樂之浮翳掃蕩無遺；（此浮翳雖餘杭叔本華未免）而吾卽據此建種種義，舉世間一切聖賢，才智，凡庸，終身不解之惑而摧破之。種種義云何：

一，欲念無已時。此欲專謂有念之欲。潛伏之欲所謂感覺者，固莫得而已之，卽有念之欲亦生生無已。此固餘杭叔氏所有言，而彼莫能詳其說。此取前所設據，可明也、假使有人，種種具足，一時不得可欲念者，必起煩悶；以覺官（五根）無所攝受故。其苦與憂惱無異；無念之欲不得遂故，無念欲（感覺）與有念欲無異故。當此無攝受苦成時，立迫此心作念，求所以攝受者。故方其悶時猶是無念欲，迨其煩時已是有念欲。以是義故，欲念生生無已，不得暫息。然亦因人而稍不同，聰明人（覺官靈敏）無念欲切，則無攝受苦亦重，其迫之生有念欲更急。反之，魯鈍人（覺官遲鈍）無攝受苦不甚迫切，欲念常紓緩而少也。此亦叔氏所曾言，而莫詳其所以者。

二，世間苦量多於樂量。　欲念生生無已，不可計數，則苦樂之量亦不可計數。然通計欲不遂者遠過於得遂者，則苦量遠過於樂量。又正欲念時，預計得遂則生忻慕樂，預計不遂則生憂慮苦。不遂既常多，則慮亦多於忻；并此而計之，苦量多於樂量遠矣。

三，世間所認爲樂境如富貴，平安等，與認爲苦境如貧賤，亂離等，其苦樂之量皆相等，無毫釐之差；更合前義言之，其苦量皆多於樂量。　樂境，苦境，嗛括甚廣，無論個人多人所認其爲如是者皆屬之。今明其一，其餘自了。貧子慕千金之家而以爲樂者，謂其有此千金也而不知彼方且慕萬金之家而恥不隶及，其欲已不在此，云何而有其樂？（本前第一設據）貧子之執以爲樂者，在彼則已猒之矣。故說千金之家爲樂亦非，說千金之家爲苦亦非，千金之家自始與苦樂之情不相涉。取一例餘，凡舉某何之境遇爲樂，某何之境遇爲苦，皆不得成立。故知境遇自始與苦樂不相涉，若欲較量苦樂此毫不相涉之境遇不得羼入熒惑其間，則彼貧子富家既同其有欲，同其欲念生生無已，同其或遂或不遂，自亦同其苦苦樂樂而未有毫釐之差別。

四，世間所希望之樂境如文明進化，大同世等，不第與富貴同其惑妄，且爾世苦量必過於今。此希望之樂境亦賺括甚廣，如社會主義，無政府主義，康德之民主國，尼采之聖人，（謝無量君述其說於大中華）以吾所測，皆非不能實現者。合以頃所立義，樂境本不成名詞，與世俗之執富貴同其惑妄。餘杭俱分進化論遮撥進化論者之希望進化，表苦樂駢進之義云：『一，感官愈敏，應時觸發，其感樂則愈切，其感苦亦愈切；二，衞生愈善，無少毀傷，其感樂則愈久，其感苦亦愈久；三，思想愈精，利害較著，其思未來之樂愈審，其慮未來之苦亦愈審；四，資具愈多，悉爲己有，其得樂之處愈廣，其得苦之處亦愈廣；五，好尙愈高，執著不捨，其器所引之樂愈深，其器所引之苦亦愈深。』條具甚備。扼要而言，後此進化，人類聰明必過於今日；（此無可疑）而聰明愈進，欲念愈奢，（如所立第一義）苦樂之量愈大。（如頃立苦多於樂之比，）後此之苦必有大過於今日者。夫今世往世多有聰明敏慧之倫，以感苦劇甚，不勝其死灰槁木之思，至取自經，則今之希慕由魯鈍進聰明者，迨彼其時必有其悔恨不勝者矣！

此所立義，不過由世間現相比量而得，初無勝義之足云；而堅強銳利，已摧破一切世間諸有爲教，使無得立足。彼大聖大哲者尙不了苦樂在欲，而窮力於構畫其理想之世界，以圖安樂祛苦，則於如來實教，更何曾夢見？而世間人乃舉以與如來大法相爲比儗附會，如今之割取大悲之旨，張其大同之說，昔之儒釋同原異途同歸等論。又或主張去欲淨盡而又不捨其率性爲道之教，依違莫測，支離失據，如彼宋明之學者，尤足齒冷耳！

世間旣無可耽著如此，則彼其不勝其死灰槁木之思而自取裁決者果是歟？是甚不然。叔本華於此有言曰：『自裁者之決去生命，正以其未能決去欲念耳；蓋方其捐生，正謂將去有生之苦，獲無生之樂，此正是極強之欲念也。』此言雖似，而要當知生死本變化中事，自裁無解於變化，斯卽無所逃。出世之義要如如來之教乃完，一切外道邪修無非悖妄，不獨自決已也。世有淸明之士，誠無惑於世法，則經藏具在，可自求耳。

鄙所明如來如實之教，乃至此之遮遣世間百家之義，一法不立，凡小聞之莫不驚怖而失守。以是頗生其違距之念，如此土凡夫熊升恒云：『佛道了盡空無，使人流蕩失守，未能解縛，先自踰閑，其害不可勝言。』不知宇宙本無一法之可安立，彼諸不了義之教。假設種種之法，有漏非眞，今日已不猒人心。如所謂『現代思潮不以宗教倫理爲目的』者，（遠生想影錄）正此有漏非眞之窮露，而不復爲人所信。假使非有我佛宣說了義，而示所依歸，則吾人乃眞流蕩失守，莫知所依止耳！歸依云何？出世間是。出世間義立而後乃無疑無怖，不縱浪淫樂，不成狂易，不取自經，戒律百千，淸淨自守；彼世間德行尚不能比擬其萬一，更何踰閑之可得？若其旣不能硜硜固據其世間之禮教，又不能皈依正法以出世，而唯貪著五欲，不捨世間，竊無違礙之談，飾其放逸之行，則是黠猾之所爲，非吾釋子之所有。

隨順世間義云何？爲世間人不能盡以出世期之，衆生成佛，要非今日可辦，則方便門中種種法皆得安立。釋迦設教，上契無生，下教十善；德行之義，若知爲隨順而有，非其本有，則云何不可？寬隨順之途，亦所以嚴出世之教，如來措置，莫不得宜。況以吾世智所測，成佛大願，將來必成。蓋人羣之進，由圖騰而宗法，而軍國，而以社會主義圓滿爲其終局。迨彼其時，人類聰明已造其極，感苦至劇，而從境遇謀救苦之方已窮，如來大法，擧世同情矣。此覘於歐土佛化之興，與人羣變化所趨，可信其不虛者也。然則今之隨順世間促進進化者，亦所以促佛法之成功，亦未有違反耳。

此二義者可任人自擇。出世間固無論，卽使不然，能常親正法，獲聞了義，雖住世間亦得安穩而住。彼聰慧善疑之倫，思而不得，則顚倒憂苦以爲無能解決。自吾觀之，唯是疑而不肯究討；若不爾者，云何如來大法近在眼前，而不知求？（想影錄所譯新思想論無一語及佛）又或雖聞正法，方有疑沮，便爾違距，甘於自棄，復何言焉。（如藍公武之流）夫善疑者辨思所尙，然要在疑而勇於究討，若徒疑焉，則亦終成絕物而已！東土學術，凡百晦塞，卓絕光明，唯在佛法。瞰彼西方，曾不足數，云何摩尼在褢，而行乞於遠？論者獲參勝義，匊心披肝，唯將此以示人，不知其他，不見有他。

余欲造新發心論久而未就，比見黃君遠生想影錄，悲心濆涌不能自勝，亟草此篇，願爲世間拔諸疑惑苦惱，惜遠生不能見矣！遠生嘗自滬遺書信我爲誠篤君子，可謂得之；蓋吾爲人無他，但只一個誠心而已。然此誠心却不曾獻於遠生，此可恨也漱冥跋。

究元決疑論是民國五年我二十四歲時作的一篇文章，於是年五，六，七月分之東方雜誌發表的。我自二十歲後思想折入佛家一路，專心佛典者四五年，同時復常從友人張申府（崧年）假得幾種小本西文哲學書讀之，至此篇發表，可以算是四五年來思想上的一小結果。當時自己固甚滿意，而在他人尤多稱道傳誦，引起許多位先生的注意，至今好些朋友關係，還是從這篇文字發生出來的。卽我到北京大學擔任講席，也是因我經范靜生先生的介紹而以此文爲贄去訪蔡先生，蔡先生看了此文，就商同陳仲甫先生以印度哲學一課相屬。（但當時因在司法部任秘書，未能承應，而轉推許季上先生，至翌年許先生病辭，乃繼其任）直到五六年後——民國十年——陳嘉異先生在東方雜誌發表的一篇談東西文化的文章，還舉此文以爲印度思想代表，而要大家去參看；實則這篇東西現在看起來直是荒謬糊塗足以誤人，我自己早十分後悔了。

此文在今日既已悔悟其非，便不當再印行流布。但我想我便不印，而外間終免不了有人傳觀，反不如徑自印布，而將謬誤處批註明白聲敘知悔的好些。醫學上有所謂『免疫性，』如某種傳染病犯過一次之後便可不再染疫，因此有利用輕度染疫以取得免疫性的，例如種牛痘便是這個意思。我現在這個辦法，說句笑話便是要大家取得一種思想上的免疫性。以下我即將此文謬誤各點指摘出來。

此文原分究元和決疑二部，究元又分性宗相宗兩段去說，決疑則以論苦樂一段爲重要，而謬誤的大端也就在這三段。

(一)敍性宗義一段　此段以魯滂的物質新論和佛家的楞嚴經起信論來比附，立論最是不當。且不論魯滂的話可靠不可靠、亦不論自安斯坦的發明以來物質的觀念變更，從前科學上假定的『以太』取消，而此以『以太』立說者能否成立；根本上這種以相彷彿的話頭來比附立論，是使人思想混沌的一條路，是學術上的大障，萬要不得的。而且『以太渦動』附會『忽然念起』也實在可笑的。我們求知首當致謹於方法，而若魯滂物質新論的主張，是否從謹嚴的方法求得來的，蓋甚難言；至若起信論的宇宙緣起說，其方法更難言了。無方法而講話，則祇是亂講而已；其是非誠否未從而辨也。所以這一全段話內中的是是非非，直無可說，通體要不得。

(二)敍相宗義一段　此段前半摘錄三無性論等，後半證引太炎先生的文章，以說明無性之義。其實三無性論佛性論等，在相宗典籍中，其價值如何，是很待商的，而太炎先生的文章，尤多錯誤杜撰之處。相宗無性之義，殊未易談，此段中全不曾弄得明白。

(三)論苦樂一段　此段話頗動聽，雖有些意思，但可惜也是沒方法的亂談。

現在且不暇言方法，只先指出他推論結果是錯誤。照此處對苦樂問題的究討，其結果是無論何人其苦樂都是平等，都是苦多於樂，而人類進步，都是日進於苦；要沒有苦，須得沒有感覺和欲念。我卽從這種推論結果，而歸心於佛家的大解脫主義，出世主義，無生主義。到後來我這種人生觀變了，其故則以發覺前頭的究討含藏着一極大的假定在內而這個假定則是錯誤的，所以推論結果自亦錯誤。我且聲明他的錯誤在此；至其所以然則三十自述一文中頗詳之。

大約謬誤的大端，不外這三段，至其他零碎的小錯，如翻譯柏格森學說的幾小段，似都有不妥之點，（譯名之不合於現在普通所用的，則以當時還不曾有人翻譯之故）而文中濫用『有爲』『有漏』等名詞皆去佛典原義甚遠，則尤爲可笑的了。餘不一一。十二年五月，漱冥記。

三論宗之宇宙觀

蔣維喬著

三論者，百論中論十二門論也。百論是提婆菩薩造，中論十二門論，則皆是龍樹菩薩造。皆爲姚秦時鳩摩羅什所翻譯。三論之學，隋唐時代最盛。唐以後學者多畏其文義難解，置而不問，至今則尚有不知其書者焉。此宗觀察分析推驗一切人物世界之方法甚多，可以一種方法，觀察考驗一種現象與原理，同時亦可以若干種方法，觀察考驗之。雖變化無方，皆不外乎指示人以眞理眞相之所在。今取其最淺顯一部分的推測法，觀察推驗宇宙之原理眞相，祇能說其一二，若欲求詳，俟諸異日。

古語云:『四方上下謂之宇,往古來今謂之宙。』此宇宙二字,卽就吾人所居之世界及他世界,從橫的方面縱的方面觀察之之謂也。今先述小乘經中之世界觀念。彼謂世人所居之地,如是者四,共一太陽所照爲一世界,此似今之太陽系。積世界至一千,名小千世界,此似今之一恆星系。積小千世界至一千,名中千世界;又積中千世界至一千,名大千世界;合此三千大千世界,謂之娑婆世界,卽爲釋迦牟尼佛所化之國土也。自橫的方面,觀察一個三千大千世界,其廣大如此;何況虛空無邊,世界無邊,豈能以吾輩之心量,計算其數。近今望遠鏡愈精,所發見之星象愈多,足見星球無窮無盡也。又從縱的方面觀察之,此渺小之地球,已經過長遠之時分。小乘經說此時分,不以年歲計,而以刼計。謂一世界,皆有小刼,中刼,大刼。何謂小刼?如人壽八萬四千歲時,歷百年則壽減一歲,如是減至人壽十歲而止。至此又由減而增,子年倍父年,遞增至八萬四千歲。此一增一減,名爲小刼;積二十小刼,爲一中刼;經一中刼,爲世界初成立之時;又經一中刼,爲世界安住之時;又經一中刼,爲世界壞滅之時；又經一中劫，爲世界空虛之時；此時無晝夜日月，唯大黑暗，歷成住壞空一次，爲一大劫。此亦爲井上圓了輪化說中所言星雲進爲地球，地球返乎星雲之所本。如是觀之，此成住壞空之時分，又豈吾輩心量之所能擬議耶？西洋哲學科學諸專家，亦本其推求所得，各立一說，以解釋宇宙，日有發明，至今莫得定論。然無論昔之小乘、今之哲學家，科學家所說如何，皆以爲世界必有實體，有成有壞。然此實世俗凡情之心理耳，三論家則本佛說因緣之理，以觀察宇宙，知世界實由因緣而有，其體本無而不實。所以者何？若物由因緣和合而有，則此物即無自己體性，完全屬於衆因緣。既屬衆因緣所生，雖因緣宛然有，而常畢竟空。雖常畢竟空，而因緣宛然有。如幻如夢，常畢竟空，而因緣宛然，於是假名爲有，因緣宛然有，而常畢竟空，於是假名爲空。以其從因緣生，故言諸法空；亦以其從因緣生，故言諸法有。實非空有，假說空有，如是因緣空有，實無定性。若能如此觀察，一切虛妄觀念即時脫落；虛妄觀念脫落，便見眞相。吾人可不再居於此黑幕中，作種種推測，妄執何者爲萬物，何者爲宇宙。旣揭開黑幕，卽眞知何者爲萬物，何者爲宇宙矣。復次，人若不知因緣之意義，可更就目前事物說明之：應用三論家之理法，觀察推測，初非漫爲空論也。如吾人所居地球，縱不便就其整個者推測之，然亦不妨就眼前最顯見者，任取一物，先加以推測，則因緣之理，可以了然。顯見之物，莫如水火。試取水分析之，知是輕養二氣和合所成，卽知輕養二氣和合爲因，冷縮爲緣，而後成水，如是卽可從事推測。今問輕養未和合之前，二氣之中，已先有水否？如其先有，則不必假借輕養和合之因，冷縮之緣，已先見水。如其先無，則雖假借輕養和合之因，冷縮之緣，亦不得水。而見因緣和合生水者，實卽無水。又取火分析之，知是炭養二氣和合而成，卽知炭養爲因，燃燒爲緣，而後成火。於是加以推測。今問炭養未和合之前，二氣之中，已先有火否？如其先有，則不必假借炭養和合之因，燃燒之緣，已先見火。如其先無，則雖假借炭養和合之因，燃燒之緣，亦不得火。可見因緣和合生火者，實卽無火。再就食用之穀，以推測之。穀者，種子爲因，水，土，空氣，人功等爲緣，而後得生芽，生莖，生實。今問種子在衆緣未具之前，其中已先有芽莖等否？如其先有，則不必藉水土等緣，已先得生；如其先無，則雖藉水土等緣，亦不得生。可見因緣和合生穀者，實卽無穀。如是一切處推求，可知一切事物，若是實有者，必有自體；若有自體，卽能自生，決不應從因緣而生。今者推測之餘，乃知無有一物不從因緣生者，卽知無有一物可說爲實有矣。如是橫觀宇宙，可斷其爲皆非實有也。至世界之成住壞空，亦小乘不究竟之談耳。成住壞空，簡言之卽是成與壞。三論家就因緣之理法以推測，乃知世界是人之妄情；謂之爲有，本非實有；旣非實有，更有何成壞可說耶？今試述其一二。夫世間凡情所謂成壞者，因緣和合名爲成，因緣分散名爲壞。萬有之相，於日夜中，變化無常，念念遷流，了無住時，此卽凡情中之成壞現象也。今問成與壞二者，其事全然相反，當然相離。然離於成，則不見壞。無成安得有壞？如人離生安得有死問曰：『旣離成不見壞，將毋成與壞合而見壞耶？』須知成與壞合，亦不見壞，如一人不得同時生死，且成壞旣然相反，云何得合？又吾人眼見萬象，念念遷謝，曾不稍停，倏忽滅盡。盡則無決定性可得，云何可分別斷之爲成，斷之爲壞。是知就滅盡一邊觀察，終不得成，若無成亦不應有壞。又眼見萬象，生而滅，滅而生，相續不斷，永無盡時。既如是常續不斷，云何得分別斷定此爲成，此爲壞。是知就相續不盡一邊觀察，亦不得成，若無成亦無壞。又前不云世界萬物由因緣而有；非是實體乎？一切物既非實有，則有何成壞之可說耶？其有聞此言而不信者，必反詰難曰：『然則物性實有，可有成有壞乎？』答曰：若是實有，則應決定有其實性。有實性則必常住不動，既常住不動，亦不應有成有壞。是則縱觀宇宙，亦不可言其或成或壞矣。縱橫觀之，知此茫茫宇宙，爲吾人所認識，執爲實有體性，實有成住壞空者，皆是吾人之顚倒妄情，虛妄計度，畢竟了不可得，畢竟不可言說。吾人俯仰觀察，誠在大夢之中；無明長夜，不知何時得醒。佛爲大智慧人，知凡夫之虛妄顚倒，而爲之說一切法由因緣之故而有，非是實有，不可執著，不可分別。若能了悟如是有，無所有，無所有，如是有，卽發生眞實智慧。眞實智慧現前，卽得見實相，解脫一切苦惱。此三論宗指示人修觀之一種法門也。或曰：『以宇宙爲實體，有成有壞，旣是吾人之顚倒妄情，何以今世人研究萬物，能建立種種共通原則耶？』答曰：吾人自無始以來，旣由虛妄顚倒因緣，而得此顚倒之心目。此心目之所知見，實至不確實。須知此顚倒之心，乃因分別名字等衆緣而生，無決定性。且此顚倒之心，寄於眼耳鼻舌等諸根，而有別異。今問心與諸根若是一者，則眼應能聞，耳應能見。而實不然，故知非一。非一則應是異，異則根等有五，心亦應有五。而實不然，故可知又非是異矣。如是推測，心實虛妄，不足憑信。目之能見，全賴於心。心旣是妄，當然見亦是妄。况吾人長處黑暗之中，僅借日月燈光之明，而有所見，其範圍又至狹耶。然於虛妄之中，亦能尋出種種原則者，乃是虛妄與虛妄相符，顚倒與顚倒相應，非眞實知見也。問曰：『然則佛爲世人說有說空則如何？』答曰：此如爲夢中之人，告以汝現在夢中。佛遇夢中人有執有者，則爲之說空。遇夢中人有執空者，則爲之說有。息滅其執空執有之心，則夢中人不復信其夢中所見空有。一旦不信其所見，則去醒時不遠。及其旣醒，則得見眞相。旣見眞相以後，方知夢亦非夢，眞亦非眞，非夢非眞，大澈大悟。此三論宗對於宇宙之正觀也。

三論宗之人生觀

蔣維喬著

前講宇宙觀中，既明一切萬物，皆係因緣和合，虛妄名生。人之生也，亦從因緣而有。就人生之因緣觀之：則以無明，行，識爲因，四大和合爲緣而有生老死之身。此則虛妄顛倒因緣之結果也。高明至極之人，一聞一切法因緣和合而有之說，卽悟我生本自不生。生尙不生，滅何所滅；既了生滅尙非生滅，卽知內身外物，都無實事，畢竟皆空。如莊子云，『察其始本無生也。』然彼不曾學問之人，不識因緣無生之理，乃迷此因緣幻夢之軀，以爲實有。既謂此身實有，遂生種種謬見；橫立種種理由：或言萬物有所始；或言萬物無始；或言萬物自然而生；或言萬物從他而生。由此因緣本末推求：或言萬物是常；或言無常；或言萬物有窮盡；或言無窮盡；或言萬物有我；或言無我；或對萬物具樂觀；或具悲觀。終日昏迷，不堪問道，驟聞我本無生之說，皆驚疑而不信。古人云，『百姓日用而不知，』此語誠不我欺也。今用三論宗之學理，就人生各方面觀察之。

一　人生有始乎無始乎

人生何自而來？有所始乎？無所始乎？此吾儕所急欲知之事也。我國經傳，對此問題，往往存而不論。諸子之書，又語焉不詳。惟印度外道各派，焦心勞慮，以研究此問題；各本其師傳，或由於經驗，大抵分有始與無始兩說。今試舉有始家之說：有言萬物從大自在天生者；謂自在天從意造作，出生萬物，萬物若滅，還歸於彼天。有言萬物不應從天生；若從天生者，此天又從誰生？故以萬物爲四大物質和合而生。有言萬物從時而生；一切天地好醜，皆以時爲因；時能生法，住法，異法，滅法，故時來衆生熟。時去卽摧朽；時能爲萬物作生殺之因，故云從時生。有言萬物從世性生；有冥初外道，以定力遠見八萬刧事；自爾之前，冥然不知，謂此一冥爲萬物之始，名曰冥初；一切世間，以爲本性，故名世性。有言從變化生；謂別有變法，能變生萬物；此與近今進化之說相類。有言從微塵生；此就物質剖析，至於極細，無可再分，名爲微塵；謂微塵之質至微小，形圓而體常；由二微塵和合，生一切物；細則成人物，粗則成大地山河，天地人物毀壞時，則散歸於鄰虛；此與近今科學家二個原子以上化合生萬物之說相類。以上六家，皆以人生爲有始，故可稱爲有始派。更有一類人，推求有始之說，皆不圓滿，則以爲萬物自然因，自然果，無因自然而有；如莿頭自尖，飛鳥異色，誰之所作？乃自然而然；此一家則以爲人物自然而生，可稱爲無始派。又小乘如俱舍宗，以生生不已爲萬化之本；以生生，住住，滅滅，三相，來生殺萬物；萬物又各有生住滅三相，由此立展轉相生之說：此則以人物爲有始者。成實宗則言無明之惑，託空而起，前無所因，此則無始之說也。上述諸宗派，皆舉萬物實有生。其所計生理，種種不同者，良以諸家不知生本無生；既謂有生，遂妄求有生之所以，欲以解釋此種大問題，各求達其希望之目的。殊不知諸家根本上既全迷謬，枝葉上不足論其是非。其所以根本迷謬者，正是有生。今就生之意義，剖析明白，則有始無始等說，自無辯論之價値矣。夫生之理，不出自生，他生，共生，無因生之四門：萬物皆有可生之自體曰自生；雖有可生之理，復假外緣，從之而生，曰他生；有可生理，復假外緣，合共而生，曰自他共生；考此生理不須有因，曰無因生。今試一一推測之：萬物皆從因緣而生，本無自性；若有自性，卽不待因緣。旣無自性，決無有從自體生自體者。如穀芽決不從芽體自生芽，必有種子爲因，水土人工等緣，和合方生。於衆生亦然，五陰內若有衆生自體，可從衆生自體而生衆生。以五行內無衆生自體，云何從衆生自體而生衆生？又從衆生自體而生衆生，是則衆生可不假五陰；旣假五陰，故知不從衆生自體生衆生也。如是觀察，則萬物自生之義，不能成立。世人又謂：萬物不能自生，必從他生。不知自他二字本是對待名詞；對於自故云他，無自卽無他，且他於他之自身，卽爲自；若無自生，焉有他生？如水土等緣，對於種子稱他，苟無種子之自，僅有水土之他，芽何得生？如五陰內，若有衆生自體，可望五陰爲他；竟無衆生自體，誰望爲他？故不從他生。又五陰內無人，假五方有，此是團空作有，不得爲生。又五內無人，可假五成人；五中無柱，何不成柱？又五中無一我，能生一我者，亦無有多我，何不生多我？如是則他生之義，亦不成立。世人又以自生他生，求衆生不得；便謂陰內本有衆生自性，復假五陰而成，應是共生。不知合自他二者爲共；有自有他，方得名共；無自無他，焉得有共？若必謂是共生，卽有二過：一從衆生自體生衆生過，二無自有他過。故共生之義，亦不成立。既於自他共三者，求生不得；遂謂萬物乃是無因而生，衆生亦是無因而有；此亦不然。世間決無無因而能生之理。若無因而能生，則萬物既不因緣和合而生，亦不因緣分散而滅；則是常住不動，寧有是理。是知萬物非自生，非他生，非共生，非無因生，但因緣和合，虛妄名生，而實不生。無生之理，本自現成。生且不可得，彼有始無始之說，又何從安立耶？

二　人生有我乎無我乎

有我耶？無我耶？此人生一大問題也。同是人也，聖人既證無我，而凡人以爲有我，此亦一大問題也。凡人常以爲有我者，謂此肉體以爲是我之身，此知覺以爲是我之心；有身心則謂之有我，若無身心則謂之無我；此又凡人之所謂有我無我也。此身心二者，佛家則謂之五陰：所謂色受想行識是也。色陰有實質，卽指肉體；受謂領納；想謂想相；行謂造作遷流；識謂了別；此四陰卽是心。今通常所稱之我，卽是此五陰。通稱陰者，謂蔭蓋爲義。有此五陰，蓋覆衆生，不得解脫；如雀在瓶，物覆其口，故云陰。又陰者陰殺也，以此五法，能害慧命。又何以有此五陰，不多不少者？蓋有二種次第，生起五陰，故不多不少。一，粗細次第：色爲五識所依，又爲六識之境界，以最粗故先說；受覺苦樂，如頭足等病，故次色；想取像貌，故次受；行起貪嗔，亦粗，故次想；識唯得青黃境，故最細。二，生染次第，憑之以修觀行：色爲染着之處，男爲女色，女爲男色，故先觀色陰；所以貪色者，由樂受故；所以有樂受者，以想顚倒故，而取像貌，起樂受貪；（現前之色，實是不淨，妄作淨想，起於樂受。）所以想取像貌者，由心行分別故；所以有行者，實根本於心識，故最後說識。於此五陰，凡夫執爲實我，固無論矣。外道所計者，則有卽陰是我，離陰是我，我大陰小，陰大我小，我有於陰五說。若小乘則以爲五陰和合，假名爲我，實無有我；故小乘聖人，已證無我之理也。今試就有我之說推測之：凡夫外道所計之我，雖種種不同，要不外卽陰，離陰二者；如外道之我大陰小，陰大我小，我有於陰，均可歸入離陰一類；祇須將卽陰離陰二點，觀察明白，則有我之義，不煩言而自解矣。今問若卽陰有我者，我是一，陰是五，若認色陰爲我，則餘四陰應非我，若五陰皆是我，則陰旣有五，我亦應有五，陰五我亦五，則無一我。又吾人自幼至老，祇有一我，而五陰身則有生有滅，念念變遷，刹那不停；如嬰兒時色，非童子時色，童子時色，非少壯時色，少壯時色，非復老年時色，究將執何一時期之五陰，以爲我乎？又五陰是生滅無常，我亦應生滅無常，我是無常生滅，則不成爲我；可知卽陰爲我之說，無有是處。卽陰旣無有我，當離陰有我，謂此肉體之外，別有一神我。今問若離陰有我者，則陰與我異，應離五陰常有人，一處是陰，一處是我，寧有此理。又離肉體眼耳等，何能有人；離人何有眼耳肉體等法。若謂肉體是無知之物，不能知事，冥冥之中，有神我爲之主宰；此神我有知，能統御肉體，肉體無知而爲我所用，亦是我所住處，譬如舍主，以土木瓦石，作舍而居，我如主，身如舍。今問舍主有形體，有動作，故能治舍；汝今所說神我，乃無形體動作可見，故離陰決無別我。若我似舍主能治舍，則應自作樂事，永永受用，不應自作苦事，以苦其身。若我不作苦而苦強生者，則餘一切事，皆當自生，非我所作。當知離五陰而有我者，是亦不然。若謂眼能見色，應有見者，此見者卽是我。今問若祇有一我者，則見者是我，卽不應能爲聞聲知味等事。何以故？眼不能聞聲故。又若謂我是一而在五官中者，則應使眼能聞聲使耳能見色，如人在六向，隨意見聞，但實事不然。就卽陰離陰二說，旣不能求得我之所在，則有我之說，不攻自破。或人因執有我之說不成，遂謂一切皆無我。此亦有過。蓋有無二者，是對待名詞；對有我可說無我，無有此我，故說無我；今我之名字，尚無所有，尚不可得，何所無而說無我耶？

三 苦與樂

吾人之五陰身，既是虛妄顛倒因緣而生，則吾身所感苦與樂，亦是虛妄，不言可喻。然世人不察，往往覺吾身實有苦有樂，且力求去苦得樂之方法；因此造種種業，如作繭自縛，不得解脫，殊可悲也。今先就世人所稱之苦樂，略說其種類，然後明苦樂本無自性之理，以解其惑。夫苦樂乃無端而起，察其所以起，乃由於人情之違順。凡遇一事，若順乎我，則生樂想；若違乎我，則生苦想；快樂過度，則又生苦。故苦與樂之性質，實無大區別。人之一生，大抵拂逆事多，順利事少；故就常情而言，乃是苦多樂少。大小乘經論中，說苦之種類頗詳，今畧舉三苦八苦之名。三苦者，苦苦，壞苦，行苦。凡苦與樂皆由吾人之領受，方能覺知，而不外苦受，樂受，捨受，三種。苦受者，生時苦，住時苦，滅時樂；因其生住二時皆苦，故以苦受爲苦苦。樂受者，生時樂，住時樂，果報壞時苦；故以樂受爲壞苦。不苦不樂爲捨受，生住壞三時，苦樂之義皆不彰；但時時刻刻，爲無常所變遷，故稱捨受爲行苦。可知吾人在生死海中，有苦無樂；但於苦中橫生樂想，如世俗以財色名食睡之五款爲快樂耳。又受苦重時，覺苦之減輕爲樂耳。何謂八苦：人之初生，十月處胎，儼如黑獄，母飲熱湯備受煮燒，出胎之日，冷風觸身，猶如刀割，名爲生苦。髮白面皺，齒疏形衰，念死不久，名爲老苦。一生之中，偶感寒暑，或飲食不調，疾病卽起，名爲病苦。刀風解形，身離神逝，名爲死苦。父子東西，兄弟南北，骨肉分離，不得見面，名愛別離苦。所不愛者，偏共聚會，名怨憎會苦。所覓之事，不得遂心，名求不得苦。有此五陰身，盛貯衆苦，名五盛陰苦。舉此八者，苦之種類，大概可以包括。由此言之，苦實爲人生之大患，不但凡夫外道，競求脫苦，不達其因，卽小乘亦以爲苦有定性。今明苦實由因緣，無有定性；無定性故本來不有，世人虛妄顚倒以爲有苦耳。大凡對於苦之計度，不外自作，他作，共作，無因作四種：如謂我自作罪，我自受苦，爲自作；我不起過，他人以苦加我，爲他作；由我起過，他人加我以苦，爲共作；不覺自他所作，而苦無端生，爲無因作。今明若苦是自作者，則應自生，不從衆緣生；而苦實從緣生，云何名爲自作？又我身本五陰盛苦，離五陰苦之外，若別有人，可許人自作苦，今陰外無人，誰當自作？若謂他人作苦以與此人者，離五陰苦外無人，誰來受此苦耶？又若彼人作苦授與此人者，離五陰苦外無人，誰來授此苦耶？復次，自作苦不成，而言他作者，是亦不然。自與他此彼相待，若彼作苦，於彼亦名自作，故自作既不成，他作亦不成。又若苦自作苦，亦決不然。如指不能自觸，如刀不能自割，他作亦然。何以故？離五陰苦，實無彼之自性。若離苦有彼之自性者，應言彼作苦；今彼亦卽是苦，云何苦自作苦？若謂自作他作不成，可有共作者，是亦不然。若自他作苦能成，應有共作；今自他不成，云何有共作？若謂苦是無因而作者，更不然。自作他作尙不成，何況無因而作耶？四門求苦義既不成，四門求樂及不苦不樂義，可以例知。

四　生與死

古人云：死生亦大矣。可見死生爲最大問題，乃爲自來所承認，而不易解決者也。一切衆生，莫不眼見有生有死，生爲始，死爲終，生死往來，相續不斷。凡夫顛倒於生死海中，不知出離，隨其業力，所感果報身則有長有短，命則有壽有夭，有分限，有形段，故謂之分段生死。外道則欲超出生死海，而不識生死之因；小乘欲除生老病死之苦，而見有生死可斷，不知生死本來是畢竟空，雖能脫離分段生死，然尙有微細無明未斷，因移果易，故謂之變易生死。今明生死本無有始，亦復無終，衆生本來不生不滅，特以顛倒之眼，見爲虛妄有生，虛妄有死耳。試由此觀察之：生死也者，爲離生而有死耶？爲不離生而有死耶？若不離生而有死者，則生死相連，生時無死，死時無生，如何能並在一時？又不離生有死者，方生卽死，生常爲死所壞，毫無住時，卽恆不得生；死亦常爲生所壞，毫無滅時，卽恆不得死；而實際不然。若離生而有死者，則生將永生，世界上衆生應亘古至今，歷久常存；死將永死，世界上將永不見衆生；而實際不然。是知生死乃因緣對待名詞，無有始終，求其初際後際，皆不可得，卽無所謂生死也。或謂雖無初際後際，而於中間，眼見有生死往來，是亦不然。因有初後兩分，故說中間，若無初無後，云何有中間往來？若云捨此世人身受彼世人身爲往來者，則往來者便無身；如人捨東房入西房，則往來者便無房；可知往來者，不能帶此世身，至彼世身，便是無身，若無有身，則無生死，有何物往來？又若有五陰身者，可有衆生，旣無五陰身，則無衆生，若無衆生，誰復往來？若謂捨五陰身，可令衆生往來，亦應除五指，令拳往來。又衆生生死往來，爲有身往來？爲無身往來？若有身往來者，從一身至一身，如是則往來者無身；又若先已有身，不應從身至身；若先無身，則無所有，云何有生死往來耶？

五　人生之究竟

人在世間，轉眼無常，如白駒過隙，倏爾卽逝，若僅以吃飯穿衣爲究竟，虛度一生，諒非人之所以爲人之道。由上以觀，有始無始，有我無我，旣屬謬見；苦樂生死，又是虛妄。吾人處夢想顚倒之中，長此醉生夢死，亦何從知其究竟耶？須知吾人實由因緣和合而生，本無自性，如夢中事，如鏡中像，但誑惑於心，實無眞相，而衆生終日行於夢想顚倒之中，毫無覺察，殊爲可憫。故有出世大哲，教人超出顚倒夢想之見，解脫生死，以達人生之究竟目的。此究竟目的，卽是永離一切戲論，名爲涅槃。然外道亦有涅槃，則又不免墮入邪見，請先論之；外道之義，有四種涅槃：一執涅槃是常，以爲有煩惱則有生死，生死所以無常，無煩惱則永離生死，故涅槃爲常。二計涅槃是無煩惱之因，由先觀察涅槃之眞理，而後生了解，斷煩惱，故涅槃爲因。三立涅槃是無煩惱果，先由斷煩惱後，方得涅槃，故涅槃爲果。四立斷滅爲涅槃，以爲畢竟無處，空空洞洞，卽是涅槃。此外道邪見之究竟也。小乘如俱舍宗，則以涅槃爲本有，是常是善，存煩惱之外，斷煩惱以後卽得之；成實宗則明涅槃但是無法，從善因修得之。

今細案外道小乘所說，雖種種不同，然皆不能見其究竟。要知涅槃者，乃對於生死而言，諸法未曾生死，亦非涅槃；但爲衆生虛妄，故成生死，欲止其虛妄，故強說涅槃耳。生死若除，則涅槃亦息，如病乃投藥，病旣去，藥亦不須矣。故涅槃者，不爲戲論所戲論，本無所得，無處可至，不斷不常，不生不滅，方名涅槃。是以涅槃不得名爲有。何以故？眼見一切萬物皆有生滅，故是老死相，若涅槃是有者，則應有老死相。涅槃若有老死相者，云何得稱涅槃？而涅槃又非是無。何以故？若有尙非涅槃，空無如何是涅槃？又因有故有無，若無有云何有無？是故無亦不得稱涅槃。然則涅槃是亦有亦無耶？如云有無共合爲涅槃，此亦有亦無之說也。今謂有無二事相違，不能合於一處，有時無無，無時無有，如明與暗，不共一處，故知有無共合，不得爲涅槃。然則涅槃是非有非無耶？如云涅槃境界微妙，有無俱遣，此卽以非有非無爲涅槃也。今謂正對有無謬見，故說非有無，不言非有非無是涅槃。以上所說：皆是戲論分別，非是涅槃。若人覺悟此等戲論，皆非究竟，內息自心一切法不受，如此卽得見眞相，卽得常樂涅槃，方爲人生之眞實究竟也。

相宗新舊兩譯不同論

梅光羲著

佛教者，智信圓融之教也。（日本井上圓了博士語）世界諸宗教，無不根極於信，而見破於智，以故宗教與科學不兩立，乃至與哲學亦相違牾。惟佛教則不然。其利樂有情，始於由智生信，復終於由信成智。觀釋尊四十九年之說法，最初說有，其次說不有而空，最後乃說究竟，卽非空非有之中道。此三時所說之教義，無一非極悲智雙運朗照澄澈之觀，而其鈐鍵，尤在第三時之中道教，卽所謂唯識宗者是已。唯識之旨，最足破迷顯勝，引人發心向上者，卽在先能窮源盡委，曲盡世間之智；（卽衆生之雜亂識強說爲智耳）而後因指見月，使證出世間之智。(即轉識成智後之智亦即佛果也)上根夙慧，聞而徹悟，可不蹈撥無因果之流弊；即鈍根下學，勤究教相，亦可滅世間之執見。蓋世間之所謂智識，要不出我法二執，執斯二者，斯智而實不足名爲智矣。莊子曰：『以不知知其知也不知』。必也不知之知，斯乃眞知；此即佛之出世間之智，而唯識最勝之義諦矣。故善修唯識觀者，上可以證眞如，其次亦必能使慧心所之功用殊勝，有如吾家同甫所云『開拓一時之心胸，推倒萬古之豪傑』之概。蓋在說法者能以出世間智而返照世間智，而後世間智之行相，乃可畢露而無遁形。(凡唯識宗所舉八識心王五十一心所等，皆所以說明世間智者也。)而在聞法者，悟世間智之畢竟非眞，畢竟不立，而後知百尺竿頭，更進一步，以求證出世間之智。(凡唯識宗所說三乘斷障，五位修行，乃至十種眞如，三性，三無性，三身，四智等，皆所以說明出世間智與夫求證此智之途徑，使凡夫二乘乃至菩薩聞，而勤修精進，以逐次漸登佛果者也。)此在他宗，多劈頭即以出世間智立教，而遣世間智；獨唯識宗雖同以證出世間智爲歸，而不先遣世間智。故唯識宗之妙用，可一言蔽之：在能使人由世間智而得出世間智，由境唯識以達行果唯識。此唯識學所以爲世與出世法之橋梁，而吾國本宗經論新譯之所以勝於舊譯也。（舊譯但認有圓成實性，而並遣依他起與徧計執兩性，卽無異但重出世間智，而盡掃世間智矣。新譯則不然，但遣徧計執性，而不廢依他起性，以依他與圓成，非一亦非異。此則重出世間智，而亦不遣世間智，眞契中道之觀矣）所惜者，此宗自晚唐以後，式微不振。而新譯家諸大師，如玄奘以下，窺基慧昭智周等之著述，皆流落海外。直至晚清經楊仁山居士之搜討，於是此法物始稍稍由東瀛返歸中土；蓋此宗教義垂絕者殆千載矣！而能以續慧命，宏法相自任者，並世師友，如歐陽境無，梅擷芸兩居士，暨馬一浮，梁漱冥，梁家義數君而外，實不數數覯。而於唯識之新舊兩譯之異，潛心研究者，尤乏其人；有之，自梅擷芸居士始。居士以理官之身，廣宏法之願，博通諸宗，尤精唯識，與境無居士相頡頏；不獨國內宗之，抑且馳名海外。曩者，日本圓覺寺管長禪宗大師宗演及天龍寺教學部長關清拙爲訪達摩之勝蹟，先後來游吾國，與居士晤，歸而著書，甚加讚揚。（見宗演所著燕雲楚水二〇七七等頁，及關清拙所著達摩之足跡一六四五等頁。）其見重於東邦禪林如此。此篇乃居士最近之作，網羅唯識學新舊各譯，加以抉擇，會其異同；雖謂有唐以來千餘年奘師隱而不彰之教理，得居士此文而重耀，亦不爲過；其有裨於唯識學，所關誠非淺也。爰請於居士，寄贈東方社，而以小引弁其首；非敢謂於居士之文，有所引伸也。抑以唯識教理，深曲難曉，故不辭譾劣，妄冀以淺顯之筆，揭本宗之綱，庶幾觀者或不致有艱深沉悶之歎歟！至於居士此文，或者必有疑作者既未親見梵文原本，何以能斷新譯之勝於舊譯，此則不知印度唯識宗之歷史使然。蓋唯識一宗之在印度與他宗異，率先略而後詳。奘師受學於戒賢，乃已承十大論師精研審辨之後者。例如奘師所譯之成唯識論一書，卽係糅合十大論師所釋唯識三十頌之十種名著，而以護法論師一家之說爲主，以折衷之而成者。此十大論師之梵文原著，在印度殆已盡失，今僅中土所輯譯者，尚可略見一二。以是知奘師之所譯，乃取精用宏，而有非眞諦等所譯之簡質所可比儗者；故曰新譯勝於舊譯也。又或者有病居士此文引論之多略，辨析之猶有未暢者，此則不知唯識宗之在佛教，本已成專門之學，自非殫精竭思，窮年累月，不足窺其竅奧。玆篇在審論新舊譯之異同當否，所舉皆犖犖重要之點，亦自有非僅此提挈綱領所能畢宣其妙理者。初學不便，抑又奚辭？所喜經論具在，不妨細研，殊勝之功，貴能自得；斯則好學深思之士，所當引爲己責，而非玆篇之所能盡已。陳嘉異謹識。

傳相宗之教義來中土者，凡有三人：一爲後魏時之菩提流支，二爲梁時之眞諦，三爲唐時之玄奘是也。菩提流支及眞諦世皆稱爲舊譯，玄奘則卽新譯也。菩提流支生於北印度國，其時卽佛滅後第十世紀（卽佛滅後千年）之中葉，及來洛陽，則當佛滅後第十世紀之末葉矣。以時考之，菩提流支或是世親同時之人；菩提流支所譯之世親著作，卽彌勒問經論，勝思惟問經論，文殊問經論，寶積經論，法華經論，金剛經論，十地經論，淨土論，是也。眞諦於佛滅後第十世紀之末葉生於優禪尼國，梁陳之時，來於中土，從事翻譯；然十大論師學說競起之事，眞諦譯書中皆未嘗言之，或者，十大論師多在眞諦之後乎？若夫玄奘之渡西天也，則在佛滅十二世紀之初，去護法菩薩其時不久。護法臨滅，於菩提樹下，以所釋論傳勝軍居士，而誡之曰：『我滅之後，凡有閱者取金一兩，脫逢神穎，當可傳通。』玄奘於是學瑜伽於戒賢，學唯識於勝軍；其十論師中之最勝子者，且得親受其教焉。是唯識護法學，西域當時並無傳人，傳其學者，實爲玄奘。玄奘稟承之學，已經十大論師精研之後者也，可謂集此宗之大成矣。此其傳來之大概也。

今更詳言之：北魏宣武帝永平元年，北印度僧菩提流支來於洛陽，宣武帝勅之與佛陀扇多共譯世親菩薩之十地經論，於是地論宗興焉。十地經者，卽華嚴經十地品之別譯者也。光統，慧順，道愼，靈祐，慧藏，慧遠，智炬諸師，皆此宗之名匠也。此宗所唱之教義，有三空之說，所謂『人法我空，因緣法體空，眞如佛性空』是也。此宗又以第八識爲第一義諦常住不變之自性淸淨心，亦名『眞如』。此眞如爲無始虛僞惡習之所熏，緣起而變生一切法，能變之識卽此第八眞識；以是之故，一切衆生悉有佛性，無有永不成佛者。其所譯之十地經論曰：『云何餘處求解脫是凡夫愚癡顚倒，當應於阿梨耶識及阿陀那識中求解脫，乃於餘處我我所求解脫。』此卽是流支以第八識爲眞如之文也。

至於眞諦之所傳者，則卽攝論宗是也。彼以無著菩薩之攝大乘論爲主。（雖攝大乘論曾有佛陀扇多先眞諦三十二年而譯，然自眞諦再譯之後，世始盛講此宗，故謂攝論宗是眞諦爲始，當亦無所不可。）眞諦於陳文帝天嘉四年譯無著攝大乘論，並譯世親之攝大乘釋論。其後慧曠，法常，智儼，道岳，慧休諸師，師資相乘，甚講此宗，直至法相宗風靡於世，此攝論宗乃無聞焉。眞諦所譯之經論，有解節經（卽解深密經，並作記名眞諦記，凡諸異議皆詳記中，今不存，見元測疏中所引各條。）決定藏論，（此卽瑜伽論攝決擇分五識身相應地意地之各譯也，後百餘年瑜伽論乃始譯出。）及轉識論顯識論三無性論，（此三部題下皆註明從無性論出，倫記謂無性論卽是顯揚聖教論無性品。）及天親菩薩之佛性論，及無著菩薩之中邊分別論，（此卽辨中邊論之別譯，）及世親菩薩之大乘唯識論。（此卽唯識二十論之別譯。）至彼所傳之教義則於空義立三空；於識義立九識。且謂第八識是無覆無記是無明妄識，第三空之如來藏自性清淨心則是眞如，眞如受熏緣起而生一切法，能變之識唯第八識，眞如則是佛性，卽是九識，一切衆生既皆有佛性，故一切衆生應悉皆成佛，無有永不成佛者。此卽眞諦之教義也。

復次若欲知眞諦教義與玄奘教義兩者之不同，則應對觀兩譯之經論。今且略述之：

眞諦所譯之世親釋論曰：『佛化作舍利弗等聲聞爲其授記，欲令已定根性聲聞更練根爲菩薩，未定根性聲聞令直修佛道由佛道般涅槃，乃至欲顯小乘非究竟處令其捨小求大故現爲此事，由如此義故說一乘』（論曰，究竟說一乘，釋曰，若釋乘義惟一乘是乘，所餘非乘，故名究竟由如此義故說一乘）而玄奘所譯者，則曰：『佛化作聲聞等，如世尊言，我憶往昔無量百返依聲聞乘而般涅槃，由此意趣故說一乘，以聲聞乘所化有情由彼見之得般涅槃故現此化，究竟故者，唯此一乘最爲究竟，過此更無餘勝乘故，聲聞乘等有餘勝乘，所謂佛乘，由此意趣，諸佛世尊宣說一乘』。此不同之處，一也。按此兩譯不同之處，在眞諦則謂定姓二乘亦必由佛道而般涅槃。而玄奘譯中，則謂定姓二乘永不回入大乘，卽非由於佛道而般涅槃，只由彼二乘道而般涅槃而已。

又眞諦所譯之三無性論曰：『一切諸法不出三性：一分別性，二依他性，三眞實性。分別性者，謂名言所顯自性卽似塵識分；依他性者，謂依因依緣顯法自性卽亂識分依因內根緣內塵起故；眞實性者，法如如，法者卽是分別依他兩性，如如者卽是兩性無所有；分別性以無體相故無所有，依他性以無生故無所有，此二無所有，皆無變異，故言如如。』而在玄奘所譯之顯揚論則曰：『三自性者，謂偏計所執自性，依他起自性，圓成實自性。偏計所執者，所謂諸法依因言說所計自體；依他起者，所謂諸法依諸因緣所生自體；圓成實者，所謂諸法眞如。』此不同之處，二也。按此不同之處，在眞諦則謂分別性與依他性悉皆是空，唯眞如實性是有；而玄奘則謂但偏計所執性空，而依圓二性則皆是有。

又三無性中第二生無性義，在眞諦譯者，則曰：『約依他性者，由生無性說名無性，何以故？此生由緣力成，不由自成，緣力卽是分別性，分別性體旣無，以無緣力故，生不得立，是故依他性以無生爲性。』而在玄奘譯則曰：『生無性謂依他起自性，由此自性緣力所生非自然生故。』此不同之處，三也。按此不同之處，在眞諦則謂依他不由自成，卽是分別體無，而玄奘則但謂依他非自然生，不謂其無。

又唯識眞如義，在眞諦譯（七如如之第三）則曰：『先以唯一亂識遣於外境，次以阿摩羅識遣於亂識，故究竟淨識也』而玄奘譯（七眞如之第三）則曰：『由勝義諦離一異性故，當知卽是清淨所緣性，何以故？由緣此境得心淸淨故。』此不同之處，四也。蓋在眞諦則名眞如爲阿摩羅識。而玄奘則不名眞如爲識，謂眞如只是淸淨識所緣之境而已。

又能變之識義，在眞諦所譯之顯識論，則謂顯識有九種，色心諸法皆是本識之所變，（本識者，蓋指第八識也，）而不說諸識皆是能變；而在玄奘所譯之成唯識論，則列三能變，且謂諸識皆是能變者。例如眞諦所譯之中邊分別論則曰：『由依唯識故境無體義成，以塵無有故本識卽不生。』而玄奘所譯者則曰：『依識有所得境無所得生，依境無所得識無所得生。』此不同之處，五也。按此不同之處，在眞諦則曰本識；在玄奘則但曰識而不曰本識。

又眞諦譯之顯識論云：『一切三界但唯有識，何者是耶？三界有二種識：一者顯識，二者分別識，』云云，此意蓋以第八識爲能變前七識爲能緣也。而玄奘譯之成唯識論則曰：『諸心心所若細分別皆有四分，』云云，此意蓋謂諸心心所皆有所緣之相分及能緣之見分等也。此不同之處，六也。

又眞諦譯之轉識論，以阿陀那爲第七識，唐定賓四分律疏飾宗記已斥其謬，謂是眞諦誦出之意以無梵本故云云。此不同之處，七也。

總觀以上之七義：則兩譯之不同，略可知矣。

復次，唐靈潤於新舊兩譯，舉有十四不同義，其十四者：一者，新譯謂衆生界中有一分無性有情，而舊譯則謂一切衆生悉有佛性。二者，新譯謂二乘之人入無餘涅槃則永不歸入於大乘，舊識則說無餘還生終必迴入於大乘。（卽前第一不同處。）三者，不定性衆生回向大乘，在新譯則謂於分段身增壽變易以行菩薩道，舊譯則謂分段身盡而別生變易身。四者，三乘種姓，在新譯則謂是法爾本有，在舊譯則謂因緣所生。五者，佛果之事，新譯則謂理智各別，（理智心品是有爲生滅法，理則是眞如是體乃無爲法）舊譯則謂理智不二。六者，須陀洹之所斷，新譯謂唯斷分別起之身見，舊譯則謂亦斷俱生之身見。七者五法之事，新譯謂五法不攝偏計所執，又謂正智攝於依他起性，舊譯則謂五法應攝偏計所執，正智應通於依他及圓成。八者，新譯謂十二處十八界攝法已盡，（蓋謂眞如亦攝在處界之中也）舊譯則謂眞如不攝於處界之中。九者，新譯於十二因緣說爲二世一重，而舊譯則說三世兩重。十者，新譯但談有作四諦而不談無作四諦，舊譯則談無作四諦。十一者，新譯謂心所法在大乘則於心王外別立心所法小乘則無之，舊譯則謂大小乘皆同無有區別。十二者，新譯謂心王心所同一所緣不同一行相舊譯謂心王心所同一所緣同一行相。十三者，三無性觀之事，新譯唯遮偏計所執舊譯則偏計所執及依他起悉皆遮之。十四者，新譯謂八個識及其相應之心所皆有四分皆能現相分皆是緣起之本，舊譯則以緣起之本限於第八識。

以上名爲十四不同義，若夫眞如受熏之說，則尙不在此十四義中也。統上七義及靈潤十四義，但言新舊不同，而未言新舊不同之源。其故蓋可得言歟，世尊於般若會上破言三無性，於深密會上言三自性。龍樹本三無性以破有，無著本三自性以破空。承龍樹學而推之以至其極，厥有清辨，說緣生依他無，說圓成實亦空。承無著學而推之以至其極，厥有護法，說緣生依他與圓成皆有，惟偏計無。蓋二諦立教，勝義一切空，空不至依圓皆空，空之門不淨盡。三性立教，緣生一切有，有不至依圓皆有，有之門不善巧。依他是空，則不許雜亂識，而五種姓不立，惟獨一乘。依他是有，則許有雜亂識，而五種姓獨立，非獨一乘。一切皆空，眞如且不立，安有能所說正智爲能緣眞如是所緣？一切皆有，體自是體之有，用自是用之有，故必有用之能緣正智，緣其體之所緣眞如。凡此皆清辨護法必爭之義，不爭則不能獨存，不異則不能同立；而實水火相顯，一多相現，萬物並育而不相害，道並行而不悖也。由破有而空，中間既經多級，始成其空。則由破空而有，中間亦必經其多級，始成其有。十大論師從空而之有，實始於安慧；其說不似空宗並破賴耶，而有唯識；然四分未明多義未備，猶用空宗之義，且並作中觀釋論，是爲空有過渡之學。眞諦等皆是學也。既異清辨一切皆空，而許識有；又異護法一切皆有，而不許依他爲有。故五姓，三性，眞如是識，一切皆用舊說，惟獨標識而别之而已：此所謂過渡唯識學也。由安慧而難陀等以至於護法則一一破立，最後加密，中經多級，堅立不移。故唯識學至護法而確然可立矣，亦唯識學至護法而純粹以精矣。非眞諦之故異護法，亦非其别有一途，實以是學不至護法，學級未窮；創始自麤，歷終自精，理有固然，無足怪也。十家之學展轉立破，以極於護法，謂予不信，請閱唯識述記。

国家出版基金项目
NATIONAL PUBLICATION FOUNDATION

名學稽古

章行嚴　胡適　陳啓天◎著

山西人民出版社
山西出版傳媒集團

作者簡介

章行嚴，即章士釗（一八八一年—一九七三年），近代著名學者。一九一四年五月，在東京與陳獨秀、谷鍾秀等人創辦甲寅月刊，倡導深入經典，弘揚儒家人文精神；是「甲寅」學派的代表人物。

胡適（一八九一年—一九六二年），安徽績溪人。著名學者、詩人、歷史學家、文學家、哲學家。因提倡文學改良而成爲新文化運動的領袖之一，是第一位提倡白話文、新詩的學者，與陳獨秀同爲五四運動的軸心人物，對中國近代史産生了較爲深遠的影響。曾擔任國立北京大學校長。

陳啓天（一八九三年—一九八四年），湖北黄陂人。教育社會學家、政治活動家。一九二一年考入南京高師，參加少年中國學會，接受國家主義學説，與余家菊、李璜等人力倡「國家主義教育」，并使之成爲當時極有影響的一種教育思潮。著有最近三十年中國教育史、張居正評傳、商鞅評傳、中國法家概論、韓非子校釋、近代中國教育史、中國政治哲學概論、民主憲政論、寄園回憶録等。

目次

名學他辨……一
惠施公孫龍之哲學……一九
緒論　惠施　公孫龍及其他辯者
中國古代名學論略……五一
一、中國古代名學的地位　二、中國古代名學的派別　三、中國古代名學的批評

名學他辨

章行嚴著

名學有『他辨』一門，頗稱精要，爲當時辯者所樹壁壘。例證之散見於墨經者甚衆，若能詳輯而講求之，通其義法，列爲條例，將不失爲發揚古學之一大觀。以愚陋劣，何能爲役，今造斯論，亦稍稍發其端，以待善述之士而已；當否不敢自信也。

他辨二字出公孫龍子通變篇。他者第三位之稱，意謂備第三物以明前兩物相與之誼，卽邏輯之 Middle terms 也。此語通譯『媒詞』，愚以與吾名學有關，譯稱『他詞』。其義墨經特爲詳明，小取篇曰：『推也者，以其所不取之同於其所取者予之也。』是猶謂他者同也，（「他」原作「也」，畢秋帆云，墨子書通以也爲他，說見備城門篇）吾豈謂他者異也』所取在人物事，所予在德，所不取卽媒詞，媒詞在三段論法，適立於斷案之外，猶婚姻成而媒妁退。(The conclusion is mediated by a middle term, and in the conclusion this term falls out) 所謂 "falls out," 卽不取之義。孫仲容謂『所求者在此，所不求者在彼，取彼就此，以得其同』。提出彼字，極見竅要，彼者他也，三段以彼爲媒，故愚譯媒詞曰他詞。如云：

人皆有死，　孔子人也，　故孔子亦死。

人爲他詞，所不取也；孔子爲所取，而死爲德，所予者也。『以其所不取之同於其所取者予之，』依例徵之，猶言以人之同於孔子者予孔子也，是何也，死也。『是猶謂他者同也』必於他發見同德，而後取予乃可得施也。『吾豈謂他者異也，』鄭重以明他同之義之必需恪守也。經說界『詷』曰合彼，界『廉』曰知其他異；合彼者他同也，他異者他異也。命題之是非正僞，姑且不論；必他同矣，是非正僞始立，否則將無可言。前者謂之詷，後者謂之廉。（義詳後。）

公孫龍之他辨，在墨經號爲爭彼。經上云：『辯，爭彼也。』彼與他同，爭彼也者，爭第三物之當否也。以爭彼爲辯，是之謂他辨(Logic of middle terms)特辨者，邏輯之通稱；(邏輯可譯作辨學較名學良愚別有說。)辯者，論爭之別義；字訓有差，立意則一。其說曰：『辯，或謂之牛，(或)謂之非牛，是爭彼也。』謂一物而有是非兩說，即其物而求之，無所得也。即物而求之不已，惟有因物以付物。呼我爲牛者，吾應之以牛；呼我爲馬者，吾應之以馬。謂之牛則牛，謂之非牛則非牛，此非所論於名學也。名學必明是非，而是非無由自定，因舉他物，立於第三位以爲準則，謂如彼者方爲牛，否則非牛也；故曰爭彼。

於是牛如何『界』之紛議起矣。經說下云：『以牛有齒，馬有尾，說牛之非馬也，不可。』又曰：『牛之與馬不類，用(義同以)牛有角，馬無角，是類不同也。』有齒乎，有角乎，皆謀爲牛作界，所謂彼也。如曰：

有齒爲牛，此獸有齒，故此獸爲牛。

或曰：

有角爲牛，　此獸有角，　故此獸爲牛。

有齒有角明明立於第三位爲他詞，形式不差而意義有別；孰非孰是，是爭彼也。依經說言，有齒未可也，以牛有齒馬亦有齒也。有角可也，以牛有角，馬無角也。有齒失其所爭，而有角得之也。雖然，有角爲牛，對於馬言之則正。天下之獸，不止牛馬；牛有角，他獸如羊鹿亦俱有角。推經說意，有角仍未得其所爭，而當進以求之也，皆爭彼之所有事也。

爭彼之彼，胡君適之謂爲佊字之訛，引論語『子西佊哉』今作彼爲證（說本高郵王氏）。佊與詖通，說文詖辯論也；與頗同聲相假借，故後人復寫作駁字。今之爭駁，即爭佊也。（見中國哲學史大綱卷上二百頁）。竊謂不然，果如所言，以爭駁詁辯，則與辯者辯也，又何以異？貴義篇有曰：『皚者白也，黔者黑也。』亦巍然爲一達詁；然特設爲瞽者交相告語之辭。過此以往，無多意義，以示科學家，將焉用之？今辯爲爭駁，了無新義，豈非與瞽者論黑白同價。名家作界，等諸律令，爲後來一切推論之張本，與訓詁家之所爲，迥乎不同。況辯字爲墨經命脈，尤與尋常界義有別，開宗正名，焉用此膠漆渾殽之樹義爲哉！

由上所言，彼義可定；依此解墨，奏刀砉然。大取篇曰：『語經，語經也，白馬非馬，（原作非白馬焉，焉當爲馬之誤，非字當在白馬下。）執駒馬說求之，……三物必具然後足以生。』語經孫氏訓爲言語之常經；以三物論事，號爲常經。可見當時立論之體制，與邏輯三段，因明三支相合。吾家太炎謂墨家亦立三支，誠然。特太炎所謂三支，與愚見有不同耳。（見國故論衡原名篇。）三支者，三物也；在論法曰三支，在端詞曰三物。（英語 Term 愚譯作端詞。）今白馬與馬與駒，是爲三物，而駒爲第三物，執以爲說而求之，卽所謂彼，或又曰他。（至執駒說之當否，尙當別論，義見後。）

古因明以他物設喻，分兩種：一喻體，一喻依。如『凡所作者皆是無常，譬如瓶等』上語是體，下語是依，墨辯疑亦有然。（墨辯二字，起於晉魯勝。）三支論法，總舉一物，墨名曰推。五支論法，旁及多物，墨名曰譬。小取篇曰：『辟（同譬）也者，舉也（同他）物而以明之也。』此如喻依，不妨雜舉，推而廣之，或且忘其為形式論法。說苑載『梁王謂惠子曰：「願先生言事則直言耳，無譬也。」惠子曰：「今有人於此而不知彈者，曰彈之狀何若？應曰彈之狀如彈，則喻乎？」王曰：「未喻也。」於是更應曰：「彈之狀如弓，而以竹為弦，則知乎？」王曰：「可知矣。」惠子曰：「夫說者固以其所知喻其所不知，而使人知之，今王曰無譬則不可矣。」』此尋常談話中有之。篇而論之，以他為喻，固無不可，以三段部勒，如曰：

狀如弓而以竹為弦者為彈，

此物狀如弓而以竹為弦，

故此物為彈。

『狀如弓而以竹為弦者』為他，執以為彈，其式可立。然常人矢口直陳，隨意剌取，式雖若是，而人由之而不自知。且如因明喻依，多舉無礙，精神涉夫陰達邏輯（通譯歸納論理）之藩矣。此推與譬之別也。

爭彼之義既明，究之墨家所據之原則，立以爲法者何在？亦不難推求而得也。經上曰：『法所若而然也』『然』字乃墨經之要義，小取詰辯，謂『摹略萬物之然』『然』當英語之 Truth；『求然』即名學所由立也。夫求然尙矣，顧何以謂然，求用何法？曰：然者有所若之謂也。人曰，甲者丙也，聞者或不明其指；必爲之說曰：甲若乙，乙若丙，故甲者丙也而後釋然。是甲者丙也之所以然，以有所若也；求然者求若也。其法於甲丙之外，別求一物曰乙，察其各與甲丙之連誼如何，而後甲丙相互之連誼如何始爲之定。（連誼即英語 Relation，以日譯『關係』字濫，今改。竊謂兩物相連而有誼，如俗稱友誼戚誼者然，頗貼切）且所若而然，正也；其負爲所不若而不然，不言可知。特若與不若，然與不然，視當時所察之情狀爲準，未可概論。所可知者，甲丙二物，必於乙一有所若，而後可以立辯。乙者何？甲丙以外之第三物也，彼也。故『辯，爭彼也，』即見下文。

經下曰：『聞所不知若所知，則兩知之。』若者，卽所若而然之若。經說謂如人在室中，不知其色何若；或指一人而告我曰，其色若彼。則倘彼爲白色也，吾因知室中人爲白色；爲黑色也，吾因知爲黑色。何也？以有所若而然也。若者何？是固明明詔我曰，若彼也。

所知所不知云者，與前言所取所不取互勘，其義益明。小取釋推曰：『以其所不取之同於其所取者予之。』而取與知施於同物，正負之義適反；所不取者卽所知者也，所取者卽所不知者也。知而不取者何？亦如經說，言『以所明正所不知，……若以尺度所不知長』已耳，所若之彼是也。

法如是矣，施行如何？小取篇又曰：『效也者，爲之法也。所效者，所以爲法也。故中效則是也，不中效則非也。』法者綱領，而效則爲之標著律令。所效者，律令所由標著之原理也。法定矣，徒法不能以自行，故更立效。效立，而中不中始可衡量而知也。以例證之：所若而然，法也。依法而不明效，則劉勰所謂『迴犬似人，轉白成黑，』不難立說。勰之言曰：『專以類推，以此象彼，謂犬似玃，玃似狙，狙似人，則犬似人矣。謂白似緗，緗似黃，黃似朱，朱似紫，紫似紺，紺似黑，則白成黑矣。』（劉勰新論審名）如此立論，童稚可決其妄，而又於所若而然之法不誤，則中效不中效之辨，不可不明也。

凡甲與乙有連，乙與丙有連，連誼相同，而甲與丙相同與否，未能一定。如曰，甲大於乙，乙大於丙，其連誼為大小，則甲大於丙可也。如曰，甲為乙之父，乙為丙之父，其連誼為父子，則甲為丙之父不可也。所連之物，自丙以往，尚有若干，其理同。可者在邏輯為『遞嬗連誼』(Transitive relation)，或曰嬗誼；不可者為『不嬗連誼』(Intransitive relation)，或曰不嬗誼：此所謂效也。今犬與玃有連，玃與狙有連，狙與人有連，其連誼為相似，是果屬於遞嬗者乎？抑不嬗者乎？當先講也。勰之言指犬似人，誖在以不嬗為遞嬗，明甚。轉白成黑類推，是之謂不中效。經上云：『似，有以相攖，有不相攖也。』此謂似有兩種：一相攖，一不相攖。經上復云：『攖，相得也。』相攖則相得，不相攖則不相得；相得則遞嬗，不相得則不嬗。由緦之言，以不相攖爲相攖，是之謂不中效。

右例乃據當然之理推之，惜墨經訛脫，無章明之令條可按。姑舉其可按者數事：經上云『佴所作也。』爾雅釋言『佴，貳也。』此言『主』『謂』二詞，(Subject 爲主詞，Predicate 爲謂詞) 作爲命題，以此二詞爲推，則須三物。自者對彼而言，作者待推之義，故佴當邏輯之 Proposition。漢書司馬遷傳云『僕又佴之蠶室，』如淳云：『佴，次也。』佴訓次，亦通，兩詞相次，恰爲命題。夫既有所作矣，所作之是非正僞，必有可言。經上曰：『謂，作嗛也。』又曰：『廉，作非也。』謂廉兩義，即承佴而立。作嗛，嗛通慊，快也，足也，言作法之殊爲快足也。作非，如其字面，言作法之非也。而其關鍵俱在與第三物有無連誼及連誼何若。謂之說曰：『爲是之合彼也，弗爲也。』(爲是字原重，孫云誤衍，合原作台，畢云作治，顧云作詒，皆非，是合形最近，且義最適。)廉之說曰：『己雖爲之，知其他異耳也。』(雖原作惟，原注謂當作雖，同聲假借字。異耳二字，原作一䎱字，但字書無䎱字，別本作思耳分寫，知舊爲二字無疑，特思爲異字，形近而誤耳。他字今本無，但舊本䎱上有也字，良是，也爲他義，他異合讀，其義甚明）一曰彼，一曰他，是與此同爲是者，謂立此命題也。爲是合，彼謂所作有所合於他詞也。弗爲也者，謂否則不立此命題也。命題既立，由此按效而施判，是非正僞可得而言也。不然，己雖爲之，而主謂俱與第三物異，是爲他異。他異則主謂不連，命題不立，是非正僞，且無自而談也。何以明之？經上又曰：『佴，所然也。』說曰：『佴然也者，明若法也。彼凡牛樞非牛，兩也，無以非也』（明原作民）然卽上文所若而然之然，故曰『明若法』既有所若，當然有主謂俱連或一連一不連之第三物，立爲中介。彼牛樞者，隨意杜撰之詞，原注疑爲木名。木名乎？非木名乎？姑不具論，但知其冠以牛字而與牛無涉，與牛有連之物，亦俱無涉。今曰，『凡牛樞非牛，』命題雖立，羌無意識，兩詞雖具，非義雖陳，其實『無以非之』也。此之謂廉。

設有是非正僞矣，驗之之術安在？依墨經觀之，他詞必盡一律，似爲墨家所立之大效。在三段論法，他詞必盡物一次。（盡字出墨經）蓋二詞所恃以爲比者，苟無一盡物，容或大前詞所比者，爲他詞之一部分，小前詞所比者，爲他詞之又一部分。如曰：『凡英國人皆善英語，某甲某乙亦善英語』於此欲得斷案，謂某甲等爲英國人，乃不可能。蓋兩前提謂詞無一盡物，以知英國人不過善英語者之一部分，某甲某乙，亦爲善英語者之一部分，此兩部分果相入乎？抑相距乎？邏輯不得而知之也。惟若小前提易爲負式，曰：『某甲某乙不善英語』，則斷案曰，『某甲某乙非英國人』，又不爲謬。以負命題之謂詞乃盡物者也。經說下曰：『以牛有齒，馬有尾，說牛之非馬也不可，是俱有，不偏有偏無有』。盡物云者，即惟其德爲是物之所偏有或偏無有也。若其德爲一物以上之所俱有，易詞言之，非偏有偏無有，則害盡。偏有偏無有，胡君適之謂偏當作徧，（見中國哲學史大綱卷上二二二頁）竊疑非是。徧者僅就同物而言，惟偏義斯對異物而立。所謂盡者，僅知同物之徧有性不足，必舉其性於他物之有無如何，始爲完義。如齒爲牛有，謂非偏有耳，非謂非偏有也。謂非偏有，則天下固無無齒之牛不且與事實違反乎？馬尾亦然。齒也，尾也，不足以離牛與馬，以不偏有偏無有。故若角爲牛所偏有，馬所偏無有，以是爲別而曰：

牛有角，　馬非有角，　故馬非牛。

於理無迕，何也？以他詞在小前提爲盡物也。

公孫龍之白馬論，亦於盡物未嘗中效；曩舉執駒一例，墨家亦謂其例足以證三物耳，非謂所證之卽爲正確也。龍之言曰：『求馬，黃黑馬皆可致；求白馬，黃黑馬不可致；……故黃黑馬一也，可以應有馬，而不可以應有白馬，是白馬之非馬審也。』(公孫龍子白馬篇)執駒之說亦然：求馬，駒可致；求白馬，駒不可致；駒可以應有馬，而不可以應有白馬；審矣白馬之非馬也。黃黑馬與駒，皆持以發論之第三物，所謂他者是也，其價同等，試列爲式：

黃黑馬，馬也；　黃黑馬非白馬，　故白馬非馬。

或：

駒，馬也；　駒非白馬。　故白馬非馬。

以邏輯之律繩之，此誖在大前詞不正（Illicit process of major term），以馬未盡物於大前提，而盡之於斷案也。凡物全部如是，一部即如是；反之一部如是，未必全部皆如是。如大學學生皆勤學，事已證實，則學生中某甲某乙，其勤學可以推知。若徒知甲乙勤學，因斷定全體學生莫不然也，則不可；以勤學一名在前提未嘗盡物，而斷案盡之，是由一部推定全部，乃語誖也。白馬論亦然。以知當時名家同持他辨，而於格律，倘無一致信守之明條。於是墨家盡物之訓，公孫龍輩不惜犯之以騰其口說矣。

公孫龍他辨，又有青白之說曰：『青白（與黃碧）不相與而相與，反對也；不相鄰而相鄰，不害其方也；不害其方者反而對，各當其所，左右不驪，故一於青不可，一於白不可；惡乎其有黃碧哉？黃碧其正矣，是狂舉也。』（公孫龍子通變篇）青白黃碧，如甲乙丙丁，乃偶舉之符，毫無意義。（第一句青白之下，「與黃碧」三字，乃推其文義增之。）曰與曰隣，二詞同意。方者方向，亦疑龍圖爲方形，以相解說。不害其方，謂與所圖無牾，而方向之意，亦自藏於其中；故曰左右不驪。驪者，雜也，亂也，左右不亂，於方向無誤，卽於圖形不背。試擬其圖，當爲：

（一）

青	白	黃

（二）

白	青	碧

一圖青以白非黃，白爲他詞，居中。二圖白以青非碧，青爲他詞，居中。一圖青黃不相與，藉白以相與。二圖白碧不相隣，藉青以相隣。青黃白碧，分立於兩端，反而對，各當其所；曰左曰右，知有中義，此其表著他詞，皎然以明。一圖白毗於青，而黃不毗於青，是一於青不可。二圖青毗於白，而碧不毗於白，是一於白不可。黃不一於青，故青非黃。碧不一於白，故白非碧。黃碧皆居負斷，故曰惡乎其有黃碧也。但在事實：若青白

也；而白非黃。或白，青也，而青非碧。式為：

(甲)白非黃， 青為白， 故青非黃。

或：

(乙)青為白， 白非黃， 故黃非青。(此須換位)

皆不誖。白青碧做此，曰：無黃碧而為正，誠哉正也。惟若以事實論，青非白，而白為黃，或白非青，而青為碧。式為：

(丙)青非白， 白為黃， 故青非黃。

或：

(丁)白非青， 白為黃， 故青非黃。

皆誖。白青碧做此。誖者何？曩舉大前詞不正是。

試以例實甲式：牛擬青，有角擬白，馬擬黃。式為：

有角者非馬， 牛有角， 故牛非馬。

此爲正也。更以例實丙式，白馬擬青，黃黑馬擬白馬，白馬擬黃。式爲：

白馬非黃黑馬，　黃黑馬爲馬，　故白馬非馬。

此則誖矣。龍創爲青白之說，以證白馬論而不知其不足爲證，則泥於爲方之過也。龍本祖述墨學，其重視他詞，並非創見；乃徒知墨家之法而不明其效，以致陷於語誖而仍嘵嘵無已；宜乎『俱誦墨經而倍譎不同』者之多也。

由右所談，他詞必至少盡物一次，墨家之效一也。端詞在前提未盡物者，在斷案不可盡物，效二也。此外他詞必正，亦所立效之一。經上云：『彼不可，兩不可也。』（彼原作攸，孫注謂當作彼。）三段共含三詞，一彼餘兩彼不可者，他詞不正之謂；他詞不正，餘兩詞之連誼亦必不正，故曰兩不可也。惠施之徒，有『雞三足，臧三耳』諸辯，卽足爲彼不可作證。莊子天下篇司馬彪釋雞三足，謂『雞雖兩足，須神而行，故曰三足。』然則臧三耳者，一神兩耳，又從可知。此距邏輯萬里，支離可哂。按雞三足之作法爲：

無雞一足，一雞較無雞多兩足，故一雞三足。

無人一耳，臧（人名）較無人多兩耳，故臧三耳。

臧三耳亦類是：無雞與無人者他詞也彼也。無雞一足者謂未有雞而一足者也，非謂無雞爲一物，而是物一足也；無人一耳者謂未有人而一耳者也，非謂無人爲一物而是物一耳也。辯者利其詞之歧義，相與閒執，遂成詭辯。詭之所在即他詞不正，即彼不可；故辯在爭彼，誠墨經之勝義。嘗論惠施二十一事，（莊子天下篇所載）不過辯者所列之論題，其中是非眞僞，原無一定。古今論者，輒求其所以通而護之以爲眞理。否則如吾家太炎以『失倫亂俗』擯之，（見國故論衡明見篇）未免失之拘墟。苟能廣通墨家之法，嚴以律之，其於應付『多方』之道，庶乎思過半矣。

綜愚所論，以見他辨一門，在吾名學占有領域，足資探討，非謂吾名學之所爲，止於他辨已也。尤非謂他辨一門止於以上云云也。亦如曩言『稍稍發其端，以待善述之士而已』。讀者因此教以所不知，並匡正其謬解，焉所尸祝也！

惠施公孫龍之哲學

胡適著

緒論

古代本沒有什麼『名家』，無論那一家的哲學，都有一種爲學的根本方法。這種方法，便是那一家的名學。（邏輯）所以老子要無名，孔子要正名，墨子說『言有三表』，楊子說『實無名，名無實』，墨辯有名實之論，公孫龍子有名實之篇；莊子有齊物論，尹文子有刑名論：這些都是各家的名學。因爲各家都有名學，所以沒有什麼『名家』。『名家』不過墨家的後進，在這一方面，研究得比別家稍爲高深一些罷了。

依我看來，惠施公孫龍都是墨家的支派。試舉幾個證據如下：

一，惠施主張氾愛萬物，公孫龍主張偃兵，（註一）很合墨家兼愛非攻之說。

二，莊子天下篇說墨家的後人『以堅白同異之辯相訾以觭偶不仵之辭相應』，惠施有論同異的話，公孫龍有堅白石的論，可見這兩人都是『別墨』。

三，如今所傳惠施公孫龍的學說，（註二）差不多句句都和墨子經上下經說上下四篇有關係。有許多學說，如『飛鳥之影未嘗動也』，『一尺之棰，日取其半，萬世不竭』之類，非參考墨子這四篇，便不易懂得。又如今世所傳公孫龍子書中的堅白通變名實三篇，不但材料都在那四篇墨子裏面，連字句文章都和那四篇相同：這種證據，眞可稱爲鐵證了。

知道惠施公孫龍和墨家的關係，方才可以懂得兩家的學說。

上篇　惠施

一，傳略。惠施曾相梁惠王。惠王死時，惠施還在。(註三) 惠王死在西曆紀元前三一九年。(註四) 又據呂氏春秋齊梁會於徐州，相推爲王，乃是惠施的政策。(註五) 徐州之會在西曆紀元前三三四年。據此看來，惠施的時代大約在西曆前三八〇與前三〇〇年之間。

莊子天下篇說：『惠施多方，其書五車。』又說有一個人叫做黃繚，的問天地所以不墮不陷，和風雨雷霆之故，惠施『不辭而應，不慮而對，徧爲萬物說。』只可惜那五車的書和那篇『萬物說』都失掉了。

惠施的爲人，一定是可愛敬的。莊子徐無鬼說：

莊子送葬，過惠子之墓，顧謂從者曰：『郢人堊漫其鼻端若蠅翼，使匠石斲之。匠石運斤成風，聽而斲之，盡堊而鼻不傷；郢人立不失容。宋元君聞之，召匠石曰：「嘗試爲寡人爲之。」匠石曰：「臣則嘗能斲之。雖然，臣之質死久矣。」自夫子之死也，吾無以爲質矣，吾無與言之矣。』

看莊子這樣佩服惠施，便可想見他的爲人了。

二，惠施厤物之意　惠施的學說，如今只有莊子天下篇所記的『厤物之意』十條。厤物是分別歷說萬物的道理。（註六）原文是：

（一）至大無外，謂之大一；至小無內，謂之小一。

（二）無厚不可積也，其大千里。

（三）天與地卑，山與澤平。（註七）

（四）日方中方睨，物方生方死。

（五）『大同』而與『小同』異，此之謂『小同異』，萬物畢同畢異，此之謂『大同異』。

（六）南方無窮而有窮。

（七）今日適越而昔來。

（八）連環可解也。

（九）我知天下之中央，燕之北，越之南，是也。

（十）汜愛萬物天地一體也。

三，章太炎說　近人研究諸子學的，大都不留意惠施公孫龍的學說，惟有章太炎氏極推崇惠施，他說惠施的十事如下：（註八）

本事有十，約之則四，四又爲三：

一事，『至大無外謂之大一；至小無內謂之小一。』又曰，『無厚不可積也，其大千里。』……言無厚不可積，又稱其大千里。不可積者，尙無杪忽，安得千里哉？要以算術析之，無至小之倪，故尺度無所起。於無度立有度，是度爲幻。度爲幻，卽至大與至小無擇，而千里與無厚亦無擇。白蘿門書道『瓢末』之空與『特蘿驃』之實相受。（註九）『瓢末』分刌節度不可量，故『特蘿驃』分刌節度亦不可量。……故曰『天與地卑，山與澤平』是分齊廢也。『我知天下之中央，燕之北，越之南，是也』是方位廢也。『南方無窮而有窮』是有際無際一也。『連環可解』是有分無分均也。

二事，『日方中方睨，物方生方死。』諸言時者，有過去，現在，未來。過去已滅，未來方生，其無易知。而現在亦不可駐。時短者莫如『堨沙那，』(註十) 而『堨沙那』非不可析；雖析之勢無留止，方念是時，則已爲彼時也。析之不可盡，而言有時，則是於無期立有期也。勢無留止，而言是時，則彼是無別也。故雖『方中方睨，方生方死』可。諸有割制一期，命之以『今』者，以一『堨沙那』言今可，以一歲言今猶可。方夏言『今歲，』不遺春秋；方禺中言『今日，』不遺旦莫。去者來者皆今也。禺中適越，餔時而至，從人定言之，命以一期，則爲『今日適越』矣；分以數期，則爲『昔至越』矣。以是見『時』者惟人所命，非有實也。

三事，『大同而與小同異，此之謂小同異；萬物畢同畢異，此之謂大同異。』物固無畢同者，亦無畢異者。……無畢同，故有自相。無畢異，故有共相。大同而與小同異，此物之所有。萬物畢同畢異，此物之所無。皆大同也，故『天地一體。』一體，故

『氾愛萬物』也。

惠施之言無時，無方，無形，無礙，萬物幾皆如矣。椎擣異論，使齏粉破碎，己亦不立。惟識之論不出，而曰『萬物無有哉！』人且以爲無歸宿。……

四，我的解說。 太炎所說大旨固然都講得通，但是其中却也有過於牽強傅會之處。我的意思以爲這十條所講，只是『天地一體』一個大主義。前九條乃是九種辯證，末一句『氾愛萬物天地一體也』，乃是全篇的斷語。我以爲惠施的哲學乃是一種一元主義，『天地一體』，是他的根本觀念。『氾愛萬物』，是這個根本觀念的應用。所以我們可說他的哲學是一種根據於一元主義的兼愛主義。

我如今且把墨子書中的話來解釋惠施的哲學。墨子經上篇說：

久，彌異時也。 經說曰，久合古今旦莫。(註十一)

宇，彌異所也。 經說曰，宇冡東西南北。(註十二)

久便是『時間』(Time)，宇便是『空間』(Space)。久又作宙。久與時有別，宇與所有別。昨日，今日，辰時，午時，都是『時。』東方，西北角，這裏，那裏，都是『所。』時只是『久』或『宙』的一部分，所只是『宇』的一部分。宇可以分作無數的『所，』其實只有一個宇。久可以分作無數時，其實只有一個久。所以說『久合古今旦莫宇冡東西南北。』古今旦莫，只是一個久；東西南北只是一個宇。尸子和淮南子注，都說，『上下四方曰宇，古往今來曰宙。』這正合墨子的界說。

這個『宇』字和老子的『無』不同。老子的『無』單指虛空之處，『宇』字卻包含虛空和一切佔地位的天地萬物。所以莊子庚桑楚篇說『有實而無乎處者宇也。』人都知『久』是時刻刻變易不常的，卻不知道『宇』也是時刻變換的。墨子經下說：

宇或徙。說曰，宇南北在旦有在莫，宇徙久。

或，過名也。說在實。說曰，或，知是之不在此也，有知是之不在此也。然而謂此南北，過而以已爲然。始也謂此『南方，』故今也謂此『南方。』

『或』是古域字。這兩段說宇的界域時時變換。晚間的南北，已不是早晨的南北，然而我們還只叫他做『南北。』這不過是『過而以已爲然，』其實是錯的。我們因爲從前叫這裏做『南方，』故如今也叫他做『南方，』却不知道宇徙已久了。這種議論，可見當時的學者已知道地球是動的，晝夜時間是由於地動的。認定這一層，方才可講惠施的哲學。

惠施的根本觀念，只是認定『天地一體；』認定只有一個繼續不斷，不可分析。却又時時刻刻變換遷徙的宇宙。從全體言，便是『至大無外，謂之大一。』從極微細的一小部分言，便是『至小無內，謂之小一。』第二條『無厚不可積也，其大千里，』是單說『宇；』因爲只有一個不可分析的空間，所以『無厚不可積』的也是宇。『其大千里』的也是宇；因爲宇是永遠變動的，所以說『天與地卑，山與澤平。』這一句還含有地圓的道理；因爲地是圓的，又東西旋轉，成晝成夜，所以這一國的『今日，』或是那一國的『昨日；』如北京今天午時的事，紐約今天早晨的報紙已登出來了。所以檢直可說『今日適越而昔來。』至於那『天下之中央，燕之北，越之南，是也，』一句，說地圓更爲明顯無疑。燕在北方，越在南方，圓面上無論那一點都可作爲『中央』所以燕的北面，越的南面，都可說是『天下之中央』（註十三）

時間變遷得快，纔是現在，已成過去。章太炎說得好，『時短莫如揭沙那，而揭沙那非不可析，雖析之勢無留止，方念是時，則已爲彼時。』所以可說『日方中方睨。』萬物的壽命有長有短，但比起那古往今來無窮無極的『久，』便都可算得極短。所以可說『物方生方死。』

宇與久雖是無窮無極，不可分析，不可割斷，但在實際上應用，竟不妨把他們當作有窮有極，可以分析，可以斷割。所以說『南方無窮而有窮』又說『連環可解也。』這兩條只是一個道理。墨子經下篇說，『無窮不害兼；』又說，『不知其數而知其盡也，說在明者。』明者是已知道了的事物。例如我們雖不能周知天下古今的人，却可以說『凡人皆有死。』這叫做『無窮不害兼；』這便是『南方無窮而有窮』的道理。

『連環可解也』也是這個道理。連環雖不可解，但在實際上，如算術家計算每一環的圓周圓徑時，檢直可以把每一環都當作獨立分開的。所以可解與不可解，其實沒有大區別。戰國策上說秦王把一套玉連環請齊國君王后解開。君王后用鐵椎一敲，連環都碎了。他叫人回覆秦王道，『連環已解了。』這個故事很可作惠施這一條的註脚。

大同異，小同異兩句，和上文的兩條也是同一個道理。從一方面看來，南方是無窮的，連環是不可解的，萬物是有同有異的。從別一方面看來，南方是有窮的，連環是可解的，萬物是畢同畢異的。章太炎說得好，『物……無畢同，故有自相。無畢異，故有共相。』其實是萬物各有自相，故無畢同。却又都有共相，故無畢異。墨子經說上說，『二必異，二也。』這個『二』便是物的『自相』。一枝上沒有兩個完全同樣的葉子，一胎裏沒有兩個完全同樣的弟兄。所以說『大同而與小同異。』然而萬物却不是亂七八糟，沒有連屬系統的。如果萬物沒有連屬，沒有系統，我們便不能有知識了，便不能有科學了。一切科學的統系方法，全靠這『萬物畢同畢異』的一個怪現象。

這九條所講，都可證明『天地一體』的根本觀念因爲宇宙一體，所以要『汜愛萬物，』所以呂氏春秋說惠施之學『去尊。』去尊便是平等之義。我們可以說惠施的學說乃是一種科學的和哲學的兼愛主義。墨子的兼愛主義，以『天志』爲根本，其中很多迷信的說話，未必盡合論理。後來學術思想進步了，這種迷信的宗教的兼愛主義，便漸漸的立不住脚了。所以墨家後進的書，如經上下，經說上下，大取小取諸篇，便完全脫離了這種宗教的話頭。所以惠施雖然也要『汜愛萬物，』他的根本學說便和墨子的兼愛說大不相同了。

下篇　公孫龍及其他辯者

一，傳略。　呂氏春秋說公孫龍勸燕昭王偃兵，(註十四)又與趙惠王論偃兵。(註十五)說燕昭王在破齊之前。燕破齊在西曆前二八四至二七九年。戰國策又說信陵君救趙破秦時，(西曆前二五七年)公孫龍曾勸平原君勿受封。公孫龍在平原君門下，是諸書共記的。戰國策所說，似乎可信。依此看來，公孫龍大概生於西曆前三二〇年左右，死於前二五〇年左右。上篇說過惠施的時代大約在西曆前三八〇與前三〇〇年之間。惠施死時，公孫龍大約不過二十歲左右。

有人說我所考定公孫龍的年歲似乎太晚了。因爲惠施和公孫龍同時，又據莊子天下篇公孫龍曾和惠子辯論，兩人的年歲怎會相差這許多呢？我以爲這兩人並不同時。莊子天下篇本不是莊周做的，篇中也並不曾明說公孫龍和惠施辯論。原文但說：

惠施以此爲大觀於天下而曉辯者，天下之辯者相與樂之。……辯者以此與惠施相應，終身無窮。桓團，公孫龍，辯者之徒，飾人之心，易人之意，能勝人之口，不能服人之心。……

此段明說與惠施相應的乃是一班『辯者』，又明說桓團公孫龍乃是『辯者之徒』。公孫龍最出名的學說，如『白馬非馬』『臧三耳』兩條，都不在天下篇所舉二十一事之內。可見和惠施相應的『辯者』不是公孫龍自己，或者是他的前輩。後來他便從這些學說上生出他自己的學說來。後來這『辯者』一派，獨有他最享盛名。後人便把這一派的學說，攏統都算是他的學說了。（註十六）我們既不知那些『辯者』姓甚名誰，只好把天下篇的二十一事，和列子仲尼篇的七事，一齊都歸作『公孫龍及其他辯者』的學說了。

二，公孫龍子。今所傳公孫龍子有六篇。其中第一篇乃是後人所加的『傳略』。第四篇是已遭後人竄改了的，須與墨子經下經說下合看。第三篇也有許多脫誤。第二篇最易讀。第五第六兩篇亦須與經下經說下合看。

三，天下篇的二十一事：

(1)卵有毛。

(2)雞三足。（註十七）

(3)郢有天下。

(4)犬可以爲羊。

(5)馬有卵。

(6)丁子有尾。

(7)火不熱。

(8)山出口。

(9)輪不蹍地。

(10)目不見。

(11)指不至，至不絕。（註十八）

(12)龜長於蛇。

(13)矩不方，規不可以爲圓。

(14)鑿不圍枘。

(15)飛鳥之影未嘗動也。（註十九）

(16)鏃矢之疾，而有不行不止之時。

(17)狗非犬。（註二十）

(18)黃馬，驪牛，三。

(19)白狗黑。

(20)孤駒未嘗有母。（註二十一）

(21)一尺之棰，日取其半，萬世不竭。（註二十二）

四，總論。　這二十一條，依我看來，可分作四組，每組論一個大問題，如下：

第一，論『久』與『宇』。(9)(15)(16)(21)

第二，論『可能性』與『已形性』。(1)(3)(4)(5)(6)(12)(19)

第三，論自性。(13)(14)(17)(18)(20)

第四，論知識。(10)(11)(2)(7)(註二十三)

五，第一論『久』與『宇』　惠施已說過時間與空間的無窮盡了。公孫龍一班人的主張與他相同，而措辭更爲奧妙。(21)條說，『一尺之棰，日取其半，萬世不竭。』經下說：

非半弗斱，則不動，說在端。　經說曰，斱半，進前取也。前則中無爲半，猶端也。前後取，則端中也。斱必半，毋與非半，不可斱也。

斱，玉篇云，破也。破，剖也。莊子釋文引司馬彪云，『若其可析，則常有兩。若其不可析，其一常在。故曰萬世不竭』。此卽經說下『前則中無爲半，猶端也；前後取，則端中也』之意。端卽是點。前後可取，則點在中間。若『中無爲半』，則還有『點』，所以終分析不完。近世算學家說有兩種零數，一種爲『絕對零，』如二減二得零，是也。一種爲『幾及零，』如上所說一尺之棰日取其半，是也。『幾及零』雖近於零，終不得爲『絕對零。』故列子仲尼篇直說是『物不盡，』魏牟解說道，『盡物者常有』這正和經下及天下篇所說相同。

(16)條說『鏃矢之疾，而有不行不止之時。』司馬彪說，『形分止，勢分行。形分明者行遲，勢分明者行疾。』這話極是。我們看見一支箭飛過，並不曾見箭形，但見箭的勢。所以說他『不止。』若論箭的形，便可說箭每過一點，便停在那一點，所以可說他並不曾行。何以見得他每過一點便停在那一點呢？因爲箭每過一點，需時若干。經上說，『止，以久也。』經下說，『行脩以久。』經說下說，『行者必先近而後遠。遠近，脩也；先後，久也。』箭過某點所需之時，便是他在那一點停止的『久。』

(15)條說『飛鳥之影，未嘗動也。』列子作『影不移。』魏牟解說道，『影不移，說在改也。』經下說：

景不徙說在改爲。經說曰，景，光至景亡。若在，盡古息。影雖已改爲，但後影已不是前影，前影雖看不見，其實只在原處。所以說「若在，盡古息。」息字俞樾解作「亡」字便錯了。息便是息止。這個道理，在古代很不容易懂得。在今日便極容易懂了。請看活動寫眞，看來都是活動的人物，其實都是一片片不動的影片。

上一條可與(9)條合看。(9)條說，「輪不蹍地。」從「勢」的一方面看來，飛鳥行時，影也飛動；車輪動時，並不蹍地。從「形」的一方面看來，鳥飛時，鳥也處處停止，影也處處停止；車輪動時，車輪處處蹍地，處處不動。

這幾條所說，只要證明時間與空間都是無窮無際，不可分析，不可割斷。一切時間與空間的分析，和一切「動」與「止」的區別，都是主觀的區別，並不是眞正的區別。

六，第二論可能性與已形性。那時代很有人研究生物學，(註二十四)古代生物學有一個大問題，就是『可能性』與『已形性』的先後。譬如我們問『還是先有雞呢，還是先有雞卵呢？』雞是已形性，卵內的雞是可能而未形的性。(註二十五)那時有一派的生物進化論主張物種都起於一種極微細的『種子，』後來纔漸漸進化，變成種種物類。(註二十六)這學說的大旨是：

> 種有幾……萬物皆出於幾，皆入於幾。(註二十七)萬物皆種也，以不同形相禪。(註二十八)

幾字从𢆶，微也。本意當是一種極微細的種子。至今吾徽人尚叫蠶子作蠶蟣，虱子作虱蟣。萬物皆起於這種極微細的『幾，』漸漸的變成各種『不同形』的物類。這許多物類本來同出一源，後來漸漸『以不同形相禪。』

依這種學說看來，萬物既從一種極微細的種子進化出來，那種子裏面定已含有那些萬物的可能性。所以我們可以說『卵有毛。』這是說雞卵先於雞了。萬物既是漸漸的『以不同形相禪，』我們竟可以說『犬可以爲羊，』也可以說『丁子有尾。」成玄英說楚人謂蝦蟆爲「丁子。」蝦蟆是沒有尾的。依現在生物學家的說話，蝦蟆本有尾的，後來漸漸進化便把尾巴丟了。其餘那幾條，如「馬有卵，」「白狗黑，」「龜長於蛇，」都含有這個道理。總而言之這幾條都是說這一種裏面未必不含有別一種的可能性。這幾條都要先知道那時代的生物進化論，方才可懂。得章太炎極毀詆「白狗黑」諸條，都因爲不懂那時的生物進化論的緣故。

七，第三論物體的自性。墨家的名學，以爲「一法者之相與也盡類若方之相合也。」依此看來，只消注重一類的「共性，」不必注重個體的自性了。其實却不然。墨子小取篇說：

盜人人也。多盜，非多人也。無盜，非無人也。……愛盜，非愛人也。殺盜，非殺人也，

經下說：

狗，犬也。而殺狗非殺犬也可。

爾雅說：「犬未成豪曰狗。」狗是犬的一種。這幾條都含有一部分和全部的區別。

但是若用『盜人人也』作前提，決不能得『殺盜非殺人也』的斷語。若用『狗，犬也』作前提，決不能得『殺狗，非殺犬也』的斷語。所以公孫龍一班人便創出『狗非犬』的議論。因爲『狗非犬』所以『殺狗非殺犬也。』

先懂得這一條，纔可懂得公孫龍的『白馬非馬』論。白馬非馬，本極容易解說。公孫龍自己對孔穿說：

夫是仲尼異『楚人』於所謂『人』，而非龍異『白馬』於所謂『馬』，悖。（註二十九）

可見『白馬』與『馬』，只是一個全部與一部分的區別可以左圖明之。

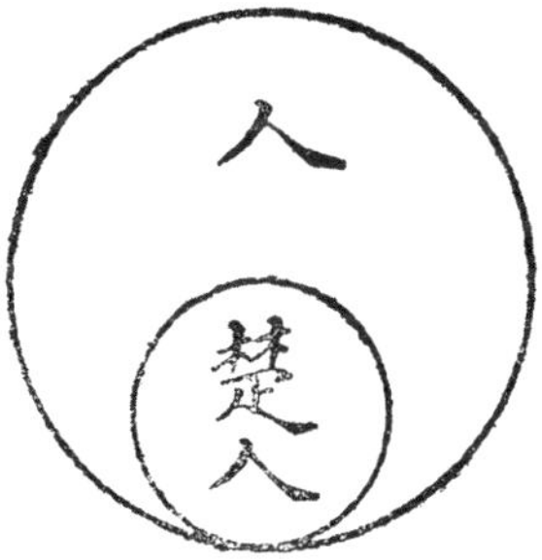

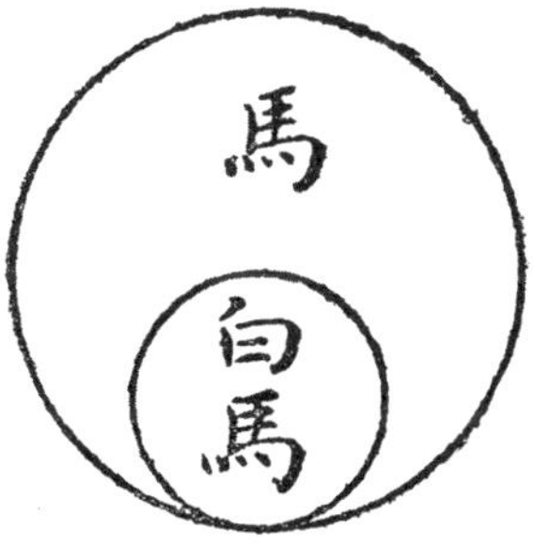

公孫龍子說：

『馬』者，所以命『形』也。『白』者，所以命『色』也。命色者非命形也。故曰白馬非馬。……求『馬』，黃黑馬皆可致。求『白馬』，黃黑馬不可致。……黃黑馬一也，而可以應『有馬』，而不可以應『有白馬』，是白馬之非馬審矣。……『馬』者無去取於色，故黃黑馬皆可以應。『白馬』者有去取於色，黃黑馬皆以所色去，故唯『白馬』獨可以應耳。……（註三十）

這一段的大意，是說個體的物事，有種種自相，有種種表德的區別，便和泛指那物的『類名』不同。這種觀念很重要。例如法官斷獄，同是『殺人』却有幾等幾樣的罪名。『殺』是類名，『人』也是類名。類名但可泛指事物的『共相』，却不能表出個體事物的特別『自相』。墨家的兼愛主義，若沒有這種觀念，便要陷於『愛盜卽愛人，』『殺盜卽殺人』的婦人之仁了。

『黃馬驪牛三，』也是這個道理。我疑心『牛』字是『馬』字之誤。驪从馬，故馬稱驪馬，而牛稱犂牛。若果是如此，則『黃馬驪馬三，』和『堅白石二，』同意。公孫龍子說：

無堅得白，其舉也二。無白得堅，其舉也二。(註三十一)

據此則黃色，驪色，與馬形，爲三。

『矩不方，規不可以爲圓，』和『鑿不圍枘，』都是這個道理。墨子經上說：『一法者之相與也盡類，若方之相合也。』經說上說『意，規，員，三也俱可以爲法。』這是從一類事物的『共相』上着想。若從個體的『自相』上着想，則一副規畫不出兩個完全同樣的圓，一個矩畫不出兩個完全一樣的方，一副模子鑄不出兩個完全同樣的錢。所以說『矩不方，規不可以爲圓』。

八，第四論知識。章太炎批評惠施說：『唯識之論不出，而曰萬物無有哉。人且以爲無歸宿』。其實惠施公孫龍諸人，都帶有唯識的意味。上文(2)條說『雞三足』司馬彪說雞的兩足，需『神』爲用，所以說『三足』。孔叢子也說公孫龍有『臧三耳』之說。依司馬彪之說，臧的第三隻耳朵也就是他的『神』了。墨子經上說，『聞耳之聽也，循所聞而意得見，心之察也』。可與此條參看(7)條的『火不熱』，(10)條的『目不見』，也是這個道理。若沒有那運用的心神，便有眼也不能見物，有火也不覺熱了。

公孫龍子說：

視不得其所堅而得其所白者，無堅也。拊不得其所白而得其所堅者，無白也。

……得其白，得其堅，見與不見離。(見)不見離，一二不相盈，故離。離也者，藏也。

（註三十二）從前的人把這一節的『離』字解錯了。本文明明說『離也者藏也。』古人的離字本有附麗的意思。易彖傳說，『離，麗也。日月麗乎天，百穀草木麗乎土。』禮記有『離坐離立毋往參焉』的話。白是所見，堅是所不見。所見與所不見相藏故可成爲『一』個堅白石。若是二，便不相盈了。所以兩者必相離，相離即是相盈，即是相藏。但是吾人何以能知所見與所不見兩者相盈呢？公孫龍子堅白論的末節說，這都是『神』的作用。若沒有這心神的作用，決不能有『堅白石』的知識，但能視而知白，拊而知堅罷了。

最難講的是（11）條，『指不至，至不絕。』列子仲尼篇也說『指不至。』魏牟解說道，『無指則皆至。』這個解說也不明白。要知這條的意義，須知『指』字的意思。公孫龍子有指物一篇，篇中用了許多『指』字。且先看什麼叫做『指』。指物篇說：

物莫非指，而指非指。天下無指，物無可以謂物。非指者，天下無物，（註三十三）可謂指乎？

這個『指』是物體的種種表德，例如形色等等。我們見物，其實並不見物的自身，也只是見這種種表德。例如見了某形某色，便說是『白馬』。所以說『物莫非指』。又說：『天下無指，物無可以謂物。』這幾乎成了完全的唯心論了。所以又轉一句說，『而指非指。』又說：『非指者，天下無物，可謂指乎？』這是說，若無這種種表德，固不可謂物；但是這些『指』終竟是物的『指』；若沒有物，又如何有『指』呢？所以下文說，『天下無物，誰徑謂指？』有了這一轉，方才免了極端的唯心論。

把『指』字作物的表德解，便知『指不至，至不絕，』是說我們的知識其實只到物的『指』，並不到物的本體。即使能更進一層，也是枉然，終不能直知物的本體。例如我們從水到水的輕養二氣，可謂進了一層了。其實我們所知還只是輕氣養氣的物德。即使我們又能從輕養二氣進到這二氣的元子或電子，我們那時所知，還只不過是元子或電子的物德。這就是『指不至，至不絕，』正如算學上的無窮級數，再也不會完了的。魏牟所說，『無指則皆至，』似乎是嫌這些物指做了一層障礙，以致我們不能直接見物。若沒有這些物指，或者可以直知物的自身。魏牟這話，其實不過是一種癡想。我們若能眞知物的表德，也很可夠用了。所以科學的目的，但求知可靠的物指，不求知物的自身。

指物篇又說『指固自爲非指。』這是說一物有一物的物指。『人』決不同於『非人』『梅蘭芳』決不同於『非梅蘭芳』。但使名稱其指便是名稱其實。所以公孫龍也有正名論。他說：

天地與其所產焉，物也。物以物其所物而不過焉，實也。實以實其所實不曠焉，位也。出其所位非位。位其所位焉，正也。以其所正，正其所不正。〔不以其所不正〕(註三十四)疑其所正。其正者正其所實也。正其所實者，正其名也。其名正，則唯乎其彼此焉。謂彼而彼不唯乎彼，則彼謂不行。謂此而此不唯乎此，則此謂不行。其以當不當也。不當而〔當〕，亂也。故彼彼當乎彼，則唯乎彼，其謂行彼。此此當乎此，則唯乎此，其謂行此。其以當而當也。以當而當，正也。故彼彼止於彼，此此止於此，可。彼此而彼且此，此彼而此且彼，不可。

夫名，實謂也。知此之非此也，知此之不在此也，則不謂也。（註三十五）

這一篇的要旨，只在『天地與其所產焉，物也。物以物其所物而不過焉，實也。』『夫名，實謂也。』『其正者，正其所實也。正其所實者，正其名也。其名正則唯乎其彼此焉。……故彼彼止於彼，此此止於此，可。彼此而彼且此，此彼而此且彼，不可。』這便是公孫龍子的正名論。儒家的正名主義，要『寓褒貶，別善惡』；要使一字之褒榮於華袞，一字之貶嚴於斧鉞。這種手續，在實際上很難做到。所以『別墨』一派的正名論，只要使『彼彼止於彼，此此止於此』，只要彼此分明，便够了。

『孤駒未嘗有母』，便是正名的一例。列子說，『孤犢未嘗有母，有母非孤犢也。』這是說『孤犢』一名，專指無母之犢，那犢有母之時，決不可稱『孤犢』；可稱『孤犢』之時，決不會『有母』了。這便是『知此之非此也，知此之不在此也，則不謂也』這種論議，初看去似極怪僻，其實是極平常的道理。惠施公孫龍的議論都該如此讀法。

（註一）莊子天下篇及呂氏春秋審應篇一及七。

（註二）莊子天下篇，列子仲尼篇，公孫龍子，孔叢子公孫龍篇。

（註三）戰國策魏策。

（註四）此據竹書紀年。若據史記，則在前三三五年，其說有誤。

（註五）呂氏春秋二十一。

（註六）莊子釋文曰，『厤古歷字。……分別歷說之。』

（註七）孫詒讓曰，『卑與比通。廣雅釋詁，比，近也。』

（註八）章炳麟國故論衡，下，明見篇。

（註九）原註，『瓢末今此爲空間眞空。特蘿驃今此爲實。』

（註十）竭沙那舊譯刹那。

（註十一）此依王氏父子及吾所校本。

（註十二）此依吾所校本。冢古蒙字，舊誤作家。

（註十三）此種議論，並非憑空傅會。看當時人的議論，如莊子秋水篇，如史記所記騶衍談天的話，都可見當時人的地理知識，遠非後儒所及。騶衍之言，尤可玩味。今摘鈔史記一節如下：『先列中國名山，大川，通谷，禽獸，水土所殖，物類所珍。因而推之，及海外人之所不能睹。……以爲儒者所謂中國者，於天下乃八十一分居其一分耳。中國名曰赤縣神州，……中國外如赤縣神州者九，乃所謂九州也。於是有裨海環之。人民禽獸，莫能相通者，如一區中者，乃爲一州。如此者九，乃有大瀛海環其外，天地之際焉。』此種議論，可見當時的地理學很有許多大膽的學說。

（註十四）審應覽七。

（註十五）審應覽一。

（註十六）如列子仲尼篇所說六事，便是如此。

（註十七）孔叢子言公孫龍有『臧三耳』之論，與此同意。

（註十八）列子所舉公孫龍六事也有『指不至』一條。

（註十九）列子作『影不移』。

（註二十）列子及他書作『白馬非馬』，與此同意。

（註二十一）列子駒字作犢。

（註二十二）列子作『物不盡』。

（註二十三）惟（8）條『山出口』不易解，暫闕。

（註二十四）參觀拙著先秦諸子之進化論，原文見科學第三卷一號，又改定本見留美學生季報民國六年份第三期。

（註二十五）可能性是 Potentiality。已形性是 Actuality。

（註二十六）說詳拙著先秦諸子之進化論。

（註二十七）見莊子，亦見列子下兩幾字舊譌作機。

（註二十八）見莊子。

（註二十九）公孫龍子跡府篇。

（註三十）公孫龍子白馬論。

（註三十一）公孫龍子堅白論。

（註三十二）同上。舊脫一見字。又「二」字作一。今據經說下改。

（註三十三）無物舊作而物，今依俞樾校改。

（註三十四）舊脫此六字。馬驌繹史本有「以其所不正」五字。今按經說下云：「夫名以所知正所不知不以所不知疑所明。」據此，似當作「不以其所不正」。

（註三十五）公孫龍子名實論。

中國古代名學論略

陳啓天著

一　中國古代名學的地位

中國古代有所謂『名家』無所謂『名學』；名學這個名詞，不過近人用以譯西洋的 Logic 之後，才通用於學術界，初學者流，以爲 Logic 是西洋的特產品，中國實絕無其學：稍進者，則謂東洋也有，即如印度的『因明』雖不能與西洋近代的 Logic 相比，至少也可以敵西洋古代的 Logic。於是有些名學書，插入因明，與西洋論理學相提並論，見解比從前自高一籌了。却於此外很少論及中國名學的，未

免是一個大缺陷

今欲說明中國古代名學的重要，當先研究中國古代名學的地位如何。

一，中國古代名學在世界名學上的地位——世界名學可照世界學術的分野，劃爲三大派：

A，西洋名學——即 Logic 又譯爲『邏輯』或論理學。始於 Aristotle。著有 Organon 一書，多講形式論 (Formal logic)，爲西洋古代邏輯的經典。到 Bacon 乃反對 Aristotle 的說法，著 Novum organum 一書，提倡歸納法 (Induction)。更經 Mill 的發揮光大，而西洋近代邏輯乃完全成功。他的 A System of Logic 可算個代表的著作。到現在杜威 (Dewey) 極力推尊試驗 (Experiment)，因有試驗論理學 (Experimental Logic) 的徽號。他的 How We Think 一書，就是這派代表的著作。——這是西洋名學的小史，也就是世界名學的一部。

B，印度名學——印度名學，叫做因明。始於足目，號古因明。到陳那著正理門論大爲改革前說；天主更著有入正理論一書，闡揚新說，號新因明。自此至今，在印度無大改進。——這又是世界名學小史的三分之一。

C，中國名學——中國名學的變遷，可分三大時期：a，固有名學時期——斷自秦漢以前。不但古代所謂名家有一種名學，卽儒家，道家，法家，也各有一種名學，尤以墨家爲較完備。關於名學的理論，多散見於諸子百家之書，如論語，中庸，大學，老子，莊子的齊物論，天下篇，尹文子，公孫龍子，荀子的正名和解蔽兩篇，以及墨子等。尤以墨子中的經上，經下，經說上，經說下，大取，小取，六篇較詳細，而有西洋科學方法的采色。b，印度名學輸入時期——自漢唐到明，因佛學輸入日廣，而因明也次第輸入，爲治佛學者所必知。其較有系統的著作，只有唐玄奘法師譯的因明入正理論，復經窺基注疏，乃更爲完備。印度名學得有光明於今日的原故，賴此而已。c，西洋名學輸入時期——從明末到今。明末李之藻譯名理探，爲西洋名學輸入中國之始，自後譯者漸多，其最著名而又可代表西洋名學精華的要算嚴復譯的穆勒名學和名學淺說二書。次爲王星拱編的科學方法論和劉伯明譯的思維術科學社的科學通論雖爲雜集，也可窺見西洋近代論理學的一斑。至於從日文中重譯過來的，多不出穆勒名學和名學淺說二書的範圍，而且多屬形式論理，不足指數。必欲舉一二部充數，以我所見，就要算胡茂如所譯日人大西祝的論理學和張子和雜輯日籍所成的新論理學二書而已。其他坊間關於名學的教科書更簡陋不足道了。——這是中國名學的小史。除印度因明在中國稍有光大而且在一部分思想界稍生影響外，西洋邏輯還完全只有翻譯，無所發明，在學術思想上的實際影響也甚微弱。質而言之，尙未成中國的名學，可以在我們的腦筋中發生極大的化學作用。所以論到中國名學的精華，還在古代。我們欲完成世界名學的大觀，合西洋名學，印度名學，中國名學於一爐而冶之，就要知中國古代名學的概要和在世界名學上的地位。

二中國古代名學在中國學術上的地位——世界名學有三大派別，而學術也因此產生三大派別，即中國學術，西洋學術，印度學術。中國名學是中國學術的工具，有中國的名學，才產生中國的學術。西洋名學是西洋學術的工具，有西洋的名學，才產生西洋的學術。印度名學是印度學術的工具，有印度的名學，才產生印度的學術。中國系的學術，不發源於西洋和印度；西洋系的學術，不發源於中國和印度；印度系的學術，不發源於中國和西洋；他們的最大最要的原因，就在各系都各有一種特別的名學和方法。所以我們要研究西洋學術的精神，不可不先知西洋學術的方法；要研究西洋學術的進化，不可不先知西洋名學的進化。要研究印度學術的精神，不可不先知印度學術的方法；要研究印度學術的變遷，不可不先知印度名學的變遷。要研究中國學術的精神和不能如西洋學術的正確精進，印度學術的精深廣大，也不可不先知中國學術的特別方法和名學的變遷了。

不但欲明世界學術的異同，須明各派的名學和特殊方法；就是欲明中國學術中的各派異同，也非明各派的名學和特殊方法不可。儒家何以不同於道家？墨家何以不同於儒家所謂『孔老之爭』，『儒墨之辯』其最大的原因又在何處呢？簡單說來，多由各家的方法不同，名學殊異。所以要知中國學術的支分派別，也不可不知支分派別的方法。老子和楊子的『無名』，孔子和荀子以及法家的『正名』，墨子的『實用』，莊子的『齊論』，（莊子的齊物論有二義：一爲齊物，二爲齊論，）皆各家名學的根本觀念；不明這種根本觀念，也就無由知他們的眞正異同了。中國學術多發源於古代，古代學術又以古代名學占重要的地位。一來是古代學術的一部分，二來是中國學術的根本方法，即 Bacon 所謂『諸學之學』。所以我們眞欲整理國故，使古代學術復明於今日，則研究古代名學，實爲先務之急。

二　中國古代名學的派別

我國分別學派的標準，有用『家』的，如所謂道家，法家，名家。有用『人』做單位的，如孟子荀子同家而分別敍述；老子莊子同家而各別討論。胡適的中國哲學史大綱卽多用後法，我今說到中國古代名學的派別，如用『家』做標準，則學說不免有所出入。法家的名學多同於儒家，莊子的名學，不同於道家的老子，就是實例。如用人做單位，又不免支離，不易得中國名學的要旨，而且也太詞費。所以我今以學說的異同做分派的標準，不襲『九流』之說，也不必人各一篇，只要學說大體相同，就合成一派研究；如不相同，雖昔人叫做一家，也必分別討論。綜其大略，約有五派如下：

A，無名學派——老子發其端，楊朱繼昌其說。以時代論，無名學說發生最先，故爲古代名學第一派。

他的要旨，可分二端，略述於下：

a，無名主義——老子最先主張無名，他的理由，大概有二。他說：

『……名可名，非常名。無名，天地之始；有名，萬物之母。……此兩者同出而異名，同謂之玄，玄之又玄，衆妙之門』。

他旣說常名無名而有名之後，又常同出異名，自必至於失『道，』所以不如復歸『無名』之始，而可入於『衆妙之門。』這是老子開宗明義的第一義，也就是他主張無名主義的第一個理由。且有名了，最易引起人去爭名好名。老子曾爲周室柱史，歷觀前代爭名和好名的事實自多；又見當時周室衰微，名實俱亂。他是一個學術的大革命家，富有反抗的精神，更不得不主張無名，使世俗無所藉口，兩相爭執。與孔子的正名同一用意；不過孔子是用的積極的方法，老子是用的消極的方法罷了。所以他說：

『名與身孰親？……甚愛必大費，多藏必厚亡。……』

『大辯若訥。……聖人不行而知，不見而名。』

這是他主張無名的第二個理由。到了楊子更說得顯明，他說：

『實無名，名無實。名者僞而已矣。』

他以『名』爲人造的東西與『實』不相干。所以他又說：『不矜貴，何羨名？』『安上不由於忠而忠名滅焉；利物不由於義而義名絕焉。』『實者，固非名之所與也。』照這樣說來，所謂名者已由名物的名變爲名位的名了。他惡名位，而主張無名；與孔子欲賴正名以定分的適相反對。或者楊子即以孔子主張正名過度而毫不顧及實際，遂有此反動，與老子默合了。

b，觀物法——老子雖然一面主張無名，却一面又指出觀物法。其意或者即在名可無而物不可不觀。西洋論理學原有二大派別：一爲注重正名的，卽爲 Aristotle 的形式論理學；二爲注重觀物的，卽爲 Bacon 的歸納論理學。老子的名學，卽偏重觀物學。他說：

『道之爲物，惟恍惟惚。恍兮惚兮，其中有象。恍兮惚兮，其中有物。窈兮冥兮，其中有精。其精甚眞，其中有信。自古及今，其名不去，以閱衆甫。』

所謂『物』『象』『精』『眞』『信』卽事物現象眞理。『閱衆甫』，卽觀察萬物，與西洋邏輯注重事實與觀察的有些相同。他還指出兩種觀物法，很有研究的價值。他說：

『無名，天地之始；有名，萬物之母。故常無欲，以觀其妙；常有欲，以觀其徼。』

無欲以觀物，是一種客觀法；有欲以觀物，是一種主觀法。前法要人除去個人的利害觀念以觀察物的變化。那末就可知物的妙，妙就是物的眞相。後法任人挾着主觀的利害觀念，觀物的結局對於人怎樣，所以不免於『徼』。『徼』有偏蔽的意思。比如看見一老虎，我們就說他是個孽畜這全是從老虎對於人的利害關係上着想，所以不免把老虎的眞相變了。其實，老虎與耕牛同生宇宙間，離開個人主觀的欲心，完全平等，無所謂孰善孰惡。不過人類容易以有欲觀物，不易以無欲觀物。所以所謂是非善惡，有許多是人的，不是物的；是主觀的，不是客觀的。老子卽欲人由主觀法到客觀法的。所以他說：

『不見可欲，使民心不亂。是以聖人之治，虛其心，實其腹，弱其志，強其骨，常使民無知無欲。』

無名主義應用於哲學，就成老子所描寫的無名樸之道，而任其自化。應用於人事，就成了楊子的逸樂主義，恐易於流於放縱，不顧社會了。晉世清談之士，多不講行檢的，就由受了無名主義的流毒。

無欲觀物法的應用，就成了老子所說『以身觀身，以家觀家，以鄉觀鄉，以國觀國，以天下觀天下。吾何以知天下然哉？以此。』質而言之，不得以私心害事就是了。

B，正名學派——正名主義發端於孔子，荀子更專論其說，而法家則竊取這種主義應用於政法，爲中國兩千多年來大多數人的主要觀念。其起原大概有兩種理由：一對於老子無名學說的反動；二對於紛亂的時局，藉正名以救濟。我們考察孔子與子路爲出公輒不認其父蒯聵，而稱祖父靈公爲父的問答，就可見孔子主張『正名』的作用。他們的問答是：

『子路曰，「衛君待子而爲政，子將奚先？」子曰，「必也正名乎？」子路曰，「有是哉，子之迂也！奚其正？」子曰，「野者由也！君子於其所不知，蓋闕如也。名不正，則言不順；言不順，則事不成；事不成，則禮樂不興；禮樂不興，則刑罰不中；刑罰不中，則民無所措手足：故君子名之必可言也，言之必可行也，君子於其言，無所苟而已。』

這個學派，要旨可分爲三，如下：

a.正名主義——孔子的正名說，很爲簡單，到荀子兼取墨家之說，論列較爲明備。他見當時有惑於用名以亂實的，所以他闡明所謂有名的緣故，說：

『故知者爲之分別，制名以指實。上以明貴賤，下以辨異同。如是，則志無不喻之患，事無困廢之禍。』

見有惑於用實以亂名的，所以他發明何緣而有異同說：

『緣天官。凡同類同情者，其天官之意物也同。……形體色理以目異，聲音清濁調竽奇聲以耳異，甘苦鹹淡辛酸奇味以口異，香臭芬鬱腥臊洒酸奇臭以鼻異，疾養滄熱滑鈹輕重以形體異。……五官簿之而不知，心徵之而無說，則人莫不謂之不知。』

這是推論論理的異同，與心理生理的關係了。

見有惑於用名以亂實的，所以他發明制名的概要。他說：

『同則同之，異則異之。單足以喻，則單；單不足以喻，則兼。單與兼無所相避，則共；雖共，不爲害矣。知異實者之異名也，故使異實莫不異名也，不可亂也。猶使同實者，莫不同名也。』

同實同名，異實異名；這本是名學中的要義，惜乎荀子未嘗說出如何同則同之，名則名之，所以終不能在實際上去應用。

他還知名學上所謂『名詞』『命題』『推論』的分別，他說：

『名也者所以期累實也。辭也者，兼異實之名以論一意也。辯說也者，不異實名以喻動靜之道也。』

名就是名詞，所以代表事物的。辭是命題，所以集合名詞，以發表意思的。辯說是推論，所以合多數命題以推出事理的。所用名詞，應名實相符，才易得眞相；不然，就多陷於西洋邏輯所謂不盡物的謬誤了。

b．格物主義——孔子繫易會說：

『古者庖犧氏之王天下也，仰則觀象於天，俯則觀法於地，觀鳥獸之文與地之宜，近取諸身，遠取諸物；於是始畫八卦以通神明之德，以類萬物之情。』

這種用觀察以類萬物之情的方法，是中國最古的格物方法。古人爲學次第，見於大學的莫要於格物。大學上說：

『古之欲明明德於天下者，先治其國。欲治其國者，先齊其家。欲齊其家者，先修其身。欲修其身者，先正其心。欲正其心者，先誠其意。欲誠其意者，先致其知。致知在格物。』

接着又說：

『物格而後知至，知至而後意誠……。』

從此可見『格物』對於正心，誠意，致知等的重要了。可惜關於致知格物的解說，獨闕而不知其要。他書也未見詳論在實際上應如何致知，如何格物。所以雖有格物之說，而不能發生物的學問——指西洋自然科學。——到朱子注釋略爲完備，却也未明言致知格物的具體方法，足以產生物的學問。朱子說：

『致，推極也；知，猶識也；推極吾之知識，欲其所知無不盡也。格，至也；物，猶事也；窮至事物之理，欲其極處無不到也。』

解致知有綜合法的意思；格物有分析法的意思；至如何綜合如何分析，則未明言。所以雖有抽象的理論，不能生實際的影響。他接着又說：

『所謂致知在格物者，言欲致吾之知，在卽物而窮其理也。……是以大學始教，必使學者卽凡天下之物，莫不因其已知之理，而益窮之，以求至乎其極。至於用力之久，而一旦豁然貫通焉，則衆物之表裏精粗無不到，而吾心之全體大用無不明矣。此謂物格，此謂知之至也。』

所謂『致吾之知在卽物而窮其理』和『卽凡天下之物莫不因其已知之理而益窮之，以求至乎其極』籠統說來，本與西洋歸納法的原理相契合。然如何卽物窮理，又如何卽凡天下之物莫不因其已知之理而益窮之，以求至乎其極，卻未曾明示我們如西洋論理學的觀察法，試驗法，以便應用，所以竟成空話而已。或者朱子不過要補綴傳文而有此想像罷了。在他自己也未能時常眞正卽物窮理，何況後人呢？

c 求誠的方法——子思發明求誠的方法，約有五種如下：

『博學之，審問之，愼思之，明辨之，篤行之。』

這是說明我們思想的步驟應始於博學，終於篤行，與 Dewey 分思想進行的次第為疑難，觀察，假設，演譯，證實五段有點相像的是篤行與證實；不過子思重在修德，Dewey 重在論理而已。所以子思接着又說：

『能盡人之性，則能盡物之性，能盡物之性，則可以參天地之化育。』

這個學派雖有上說三種主義，然名學上最重要的格物主義，在孔子自身，未嘗實際應用而求誠的方法，又多偏修德一方面，無大影響於論理。其最有影響於思想與實事的只有正名主義；所以把正名主義代表這個學派。

正名主義應用於倫理，就成了『名教主義』，春秋就是孔子的名教的經典。孟子說，『孔子作春秋而亂臣賊子懼；』莊子說，『春秋以道名分，』就可見名教經典的內容和勢力了。這種名教主義的理想，就在使論理與政治合一，而以名分為其中心。所以孔子說：

『為政以德。』

『政者正也，子率以正，孰敢不正？』

『君君，臣臣，父父，子子。』

法家應用正名主義於法律，就成了『刑名主義』。尹子說：

『名實判為兩，合為一。是非隨名實，賞罰隨是非。』

這可見法家的彩色，與孔子相同了。

C．實用學派——墨子是實用學派的鼻祖，他的主張，對於孔子的正名主義是個反動。墨子耕柱篇有一段說：

『葉公子高問政於仲尼曰，「善爲政者若之何？」仲尼對曰，「善爲政者，遠者近之，而舊者新之。」子墨子聞之曰，「葉公子高未得其問也，仲尼亦未得其所以對也。葉公子高豈不知善爲政者之遠者近之，而舊者新之哉！問所以爲之若之何也。』

墨子又說：

『言足以遷行者常之，不足以遷行者勿常。不足以遷行而常之，是蕩口也。』

這主張近於西洋現代實驗主義（Pragmatism），以實際的功用定事物的價值，與儒家的正其誼不謀其利，明其道不計其功的學說完全不同。

墨家實用主義的要旨可分二項如下：

a，三表——三表是墨子立言的方法所以又叫『三法。』墨子說：

『必立儀言而毋儀譬猶運鈞之上而言朝夕者也，是非利害之辨，不可得而明知也。故言必有三表。何謂三表？……有本之者，有原之者，有用之者。於何本之？上本之於古者聖王之事。於何原之？下原察百姓目名之實。於何用之？發以爲政刑，觀其中國家百姓人民之利。』

這種考察事實的利害，以定立言行事的標準，是墨子的根本觀念，與孔子藉正名以定分的方法，相去不知多遠了。

b．辯經——經說上下等六篇向叫做墨辯，或墨經，我以爲不如叫做辯經，直捷了當。因爲墨經是墨家所用爲辯論的經典，猶之 Aristotle 的連珠律令——即三段論法的規則，爲講形式論理學的不可不遵守。辯經就是墨家的一種辯學而已。

辯經的根本原理，只在一個『類』字；根本的方法，只在『以類取，以類予。』什麼

叫做『類』?經上說:

『重體合類;……二體不合,不類。』

這是說兩個事件有相同的,就是類;不然,就不類了。

經說上解說:

『合同也有以同,類同也。……不合也,不有同,不類也。』

由這看來,所謂類與不類就是異同的問題了。相同就是『類』,不相同就是『不類』。經下說,『止類以行,說在同。』更可證明。然則又怎樣知道什麼是同,怎樣是異呢?經上說:

『同異而俱於之一也;異同交得知有無。』

這是說我們辯異同,而論點要同一,才知類與不類。同類與異類都知道了,方可斷定那有那無的是非。胡適的中國哲學史大綱點讀『同異,而俱於之一也,』爲『同異而俱於之一也。』而又自加『異』的界說,不但截斷前半句與後半句的關係,也未免太牽强了大取篇，又發明類與辭的關係說：

『夫辭以類行者也；立辭而不明其類，則必困矣。』

墨家立辭明類的方法有二：

a，以類取的方法——這是說我們要推論一個道理，所取的事實必出於同類。比如說：凡人有必死；泰山上有森林。後者非從前者取出，相與同類，所以不能下什麼斷定，那就『困』了。如接說孔子是個人，孔子是從人類取出來的，所以可得一個孔子必死的結論。怎樣以類取呢？小取篇說：

『以名舉實，以辭抒意，以說出故。』

什麼叫做『以名舉實』？經說上說：

『所以謂，名也；所謂，實也。』

胡適中國哲學史大綱解『名』爲表詞（Predicate），『實』爲主詞（Subject），完全錯了。所謂以名舉實，就是用名詞代表事實。名爲名詞，所以代表事實的故說

『所以謂』實是事實，即是所辯論的，故說『所謂。』經說上說，『名實耦合也』；就是說名詞與事實相配，那就對了。也就是荀子要聞名而實喻的意思。經說上又說，『命之馬，類也；若實也者，必以是名也。命之臧，私也；是名也止於是實也。』這是說類名兼指一類之實，私名則只指某事某物某人之實。果如胡適所說，將無以解此了。Aristotle 的形式論理學者首辨名詞的涵義與墨家名足以舉實及名實合爲一有點相同。所以演繹法的次第，不可不以此爲先務。

什麼叫做以辭抒意？辭是命題，有了舉實的名，然後可合名成辭以抒意，即離合名詞以成一意。

什麼叫做以說出故呢？經上說，『說，所以明也。』有了抒意的辭，自不得不有一種說明的理由，所以說『以說出故。』『說』與印度名學的『因』及西洋名學的大前提是同一的作用。說所出的『故』就是因，是通例。在演繹推理沒有通例，就不能成立，故經上說，『故所得而後成也。』故有二種：經說上說『故小故有之不必然，無之必不然。……大故有之必無不然。』（原文只一然字，按文意疑缺一不字，故補）這是說因有主助，例有大小，推論最可靠的理由自是主因與大例了。這種以類取的方法，很近於西洋的演繹法，不過不拘於三段的形式而已。

b，以類予的方法——小取篇說：

『援也者，子然我奚獨不然也。推也者，以其所不取之同，於其所取者予之也。』

『援』就是類推。援例相推，以彼論此，本是常法。然其結論只是或然，不是必然；所以小取篇接着又說：『有所以然也同，其所以然也不必同。』所謂所以然也不必同，就是果同因不必同；反過來說，即是因異果不必異。這是因果律中所宜知的，不然，就易陷於謬誤了。

『推』就是眞正的歸納推理。以其所不取之同，於其所取者予之也的意思，就是以少數的事理歸到同類的多數事實。不過觀察事實的方面不同，其結論也不易正確。所以小取篇又接着說：

『其取之也同其所以取之也不必同。……夫物或乃是而然，或是而不然，或一害而一不害，或一是而一不是也；不可常用也。故言多方殊類異故則不可偏觀也。』

因物多方，殊類，異故，不但要觀察，還要觀察的範圍不可過狹，幾與西洋歸納之首重觀察相同了。

從上看來，墨家的名學，簡直可與 Aristotle 的 Organon 及陳那的因明正理門論相比擬，而同爲世界名學最古而又有條理的著作。

墨子應用他的三表法，非儒，非攻，非命，主張兼愛，節用，節葬，甚至非樂，而成中國古代最有價值的一個學派。至於別墨的辯經，則久成絕學，不能完全句讀，只爲當時詭辯學派增一工具而已。可惜！

D，齊論學派——齊論學派只有莊子一個人，他的主張，全爲對於楊墨，儒墨之爭的反動。駢拇篇說，『駢於辯者纍瓦，結繩，竄句，游於堅白異同之間，而敝跬譽無氏之言非乎？而楊墨是已。』齊物論說，『道惡乎隱而有眞僞？言惡乎隱而有是非？道惡乎往而不存？言惡乎存而不可？道隱於小成，言隱於榮華。故有儒墨之是非，以是其所非而非其所是。』這兩段話，可見莊子主張齊論的動機了。

莊子見儒墨更相是非，更想到認識論的問題。他極端懷疑人智，以爲不但『人生也有涯而知也無涯，以有涯隨無涯殆已。』更用弔詭之辭推及人智一無所知，也不能有所知。所以齊物論上說：

『齧缺問乎王倪曰，「子知物之所同是乎？」曰，「惡乎知之？」「子知子之所不知耶？」曰，「惡乎知之？」「然則物無知耶？」曰，「吾惡乎知之？雖然，嘗試言之，庸詎知吾所謂知之非不知耶？庸詎知吾所謂不知之非知耶？……自我觀之，仁義之端，是非之塗，樊然殽亂，吾惡能知其端？」』

『彼亦一是非，此亦一是非，』以辯論正辯論，自有惡知其端的困難。而莊子不能於事實上加以辯正，只趨於反動，否認人智，所以不能使思想界發生良好的影響。

莊子闡明爭辯的起原，約有三端：

a，由於成心——齊物論說，『夫隨其成心而師之，誰獨且無師乎？奚必知代而心自取者有之，愚者與有焉。未成乎心而有是非，是今日適越而昔至也。是以無有爲有；無有爲有，雖有神禹且不能知，吾獨且奈何哉？』這攻擊師心好辯，何等痛快淋漓！

b，由於感情——齊物論說，『勞神明爲一而不知其同也，謂之朝三。何謂朝三？曰，狙公賦芧曰「朝三而莫四」，衆狙皆怒；曰，「然則朝四而莫三，」衆狙皆悅。名實未虧而喜怒爲用，因是也。』這形容感情影響於論理的勢力，又何等的確當！

c，由於偏蔽——齊物論說，『辯也者有不見也；』又曰，『物無非彼，物無非是。自彼則不見，自知則知之；』『道隱於小成，言隱於榮華，故有儒墨之是非，以是其所非，而非其所是。』這都說辯起於知識的淺薄和文字的含糊。

總而言之，莊子以辯多起於心理的原因，而非事理的實際；故辯論終無已時。所以他說：

『旣使我與若辯矣，若勝我，我不若勝；若果是也，我果非也耶？我勝若，若不吾勝；我果是也，而果非也耶？其或是也，其或非也耶？其俱是也，其俱非也耶？我與若不能相知也。則人固受其黮闇，吾誰使正之？使同乎若者正之，旣與若同矣，惡能正之？使同乎我者正之，旣同乎我矣，惡能正之？使異乎我與若者正之，旣異乎我與若矣，惡能正之？使同乎我與若者正之，旣同乎我與若矣，惡能正之？然則我與若俱不能相知也，而待彼也耶？』

莊子見『彼亦一是非，此亦一是非，……是亦一無窮也，非亦一無窮也；』而以兩法止辯：

a，兩行法——莊子說，『聖人和之以是非，而休乎天鈞，是謂之兩行，』郭注兩行爲任天下之是非。是非兩行，爭辯自少。而且所謂是非多因見地不同，故說，『勞神明爲一而不知其同也。』物有多方，或從甲方去觀，或從乙方去觀，爭辯即由此起。若通觀全體，則或是或非，或俱是或俱非，據莊子的思想，只好任其兩行而已。故說，『是不是，然不然，是若果是也，則是之異乎不是也，亦無辯。然若果然也，則然之異乎不然也亦無辯。』

b，以明法——莊子說，『欲是其所非，而非其所是，則莫若以明。』郭象解：『以明』爲反覆相明。卽是用是非兩說反覆相明，可以知所是的不必全是，所非的不必全非。而反對的論調，也有相爲訂正的價值，不必拘於一隅，好同惡異了。

以上爲莊子齊論的大旨。他應用於哲學而成齊物之說，達觀一切。應用於處世，成了『彼且爲嬰兒，亦與之爲嬰兒，彼且爲無町畦，亦與之爲無町畦；彼且爲無涯，亦與之爲無涯』達之入於無疵的人。好的，不過是一個不譴是非的名士；不好的，就成了同流合汚的鄉願了。

E，詭辯學派——詭辯學派多用辯經的方法，而昌言道家的理論，自成一派，與墨家以實用爲主旨的絕不相同，其好辯，又近乎縱橫家。莊子天下篇說：

『相里勤之弟子，五侯之徒，南方之墨者苦獲，已齒，鄧陵子之屬，俱誦墨經而倍譎不同，相謂別墨，以堅白同異之辯相訾，以觭偶不仵之辭相應，以巨子為聖人，皆願為之尸，冀得為其後世，到今不決。』

這可見詭辯學派與墨經的關係，不過屬於這派的，不止所謂別墨而已。上到鄧析，下到惠施，桓團，公孫龍，辯者之徒，亦均屬之。據莊子的說法，可把這派的要旨分為二：

a，奇辭的詭辯——即以觭偶不仵之辭相應者。這種辯論要以鄧析為鼻祖。呂氏春秋說：

『洧水甚大，鄭之富人有溺者，人得其死者，富人請贖之，其人求金甚多，以告鄧析，鄧析曰：「安之，人必莫之贖矣。」得死者患之，以告鄧析，鄧析又答之曰「安之，此必無所更買矣。」』

這即是列子所說鄧析操兩可之說，設無窮之辭的例子，詭辯家正如此耳。莊子天下篇說：『惠施以此爲大觀於天下而曉辯者。天下之辯者，相與樂之，……辯者以此與惠施相應。桓團公孫龍辯者之徒飾人之心，易人之意，能勝人之口，不能服人之心。』

這可見惠施，公孫龍等樂爲奇辭的詭辯，不過又參有哲理而已。荀子說，『今聖王沒，名守慢，奇辭起，名實亂，是非之形不明，則雖守法之吏誦數之儒亦皆亂。』即是攻擊奇辭的流弊。

b，推理的詭辯——惠施歷物之意，偏爲萬物說，和公孫龍白馬非馬等說多含有哲理的問題，大要不外莊子齊物之旨加以引申而又益之以辯辭而已。莊子德充符說，『自其異者視之，肝膽楚越也；自其同者視之，萬物皆一也。』秋水篇說，『以功觀之，因其所有而異之，則萬物莫不有；因其所無而無之，則萬物莫不無。知東西之相反，而不可以相無，則功分定矣。』可與惠施等的大同而與小同異，此之謂小同異，萬物畢同畢異，此之謂大同異，以及白馬非馬等說，相印證。不過這種哲理不易爲通俗所了解，所以能勝人之口而不能服人之心。莊子天下篇又說，『惠施……以反人爲實而欲以勝人爲名，是以與衆不適也。』就可見詭辯學派的流弊了。公孫龍見黜於平原君，卽由他『煩文以相假飾詞以相悖巧譬以相移引人聲使不得其意。』質而言之，詭辯學派，只重在詭辯，不重求眞理，與希臘詭辯學派相近；結果只足以亂是非而已。荀子作正名篇，極力攻擊，正與 Aristotle 作 Organon 以正希臘詭辯學派之失同意。

三　中國古代名學的批評

中國古代名學，直接爲古代學術思想的根本方法，而間接又影響於後代的一切學術思想。所以要明從古代到現代中國學術思想的變遷和結果，不可不於叙述古代名學派別之後，略加批評，使我們知道中國學術思想不振之源，究在何處？

與西洋學術思想的方法，根本不同的，又在何處？中國人缺乏科學思想的根本原因，又在何處？我們以後要改進中國學術思想，又應先從何處着手，才易收效？這都是我要略略批評，不辭淺陋的用意。當世明達對於我的批評，更加批評，使學術思想可以從此根本改造，那就更好！

中國古代名學可批評之點，約有四：

A，重人事不重自然。——無論何派的名學，多重人事，不重自然。孔子揭着正名主義，不過用爲倫理的中心觀念，而老莊等絕聖棄智，更未曾多論自然。（自然即英文的 Nature，與老莊所謂任天的自然不同）墨子雖提倡『實用』，略略近於西洋的 Pragmatism，也多應用於人事一方面。到別墨的辯經，雖偶涉論數理質力之說，也無何種系統可尋。所以可以武斷說一句，古代名學全應用於人事，未嘗應用於自然。而中國學問亦自只有社會科學，而無自然科學了。西洋論理學祖 Aristotle，應用他的方法於哲學，又應用於物理學，生物學。發端既不同，結果自與中國相異。

B，重玄理不重事實——老莊的學說偏重玄理，自不待說，惠施，公孫龍的辯論，也多屬玄理。玄理而不與事實相印證，則自易玄之又玄，莫明其妙了。卽孔墨本多實際的彩色，而一則偏重倫理，一則偏重應用，也少應用各人的方法從事實上爲學問而研究學問單從科學上着想，比之Aristotle，殊有愧色。原來科學的基礎，建立於事實之上，離開事實去講玄理，自無發生的希望。

C，重辯論不重實驗——詭辯學派以詭辯見稱於當時，注重辯論，自不待說。其餘各家明是非別異同的唯一方法，也多在辯論。雖墨子注重實用，爲古代名學的異彩；而苦獲，己齒，鄧陵氏之屬，竟變成那『以堅白異同之辭相訾，以觭偶不仵之辭相應』的詭辯家，與墨子的根本方法完全不同了。以辯論定是非，而絕不實驗，自然是『彼亦一是非，此亦一是非』與『是亦一無窮，非亦一無窮』無由決定。所以有孔老之辯，儒墨之辯，楊墨之辯，至今不決。莊子主張齊論息爭，卽由於此。不過他不能發明實驗方法，以止辯論。爲時代和歷史所限，未免可惜！西洋自Bacon提倡實驗，而科學乃大放光明，由此知中國無科學的根本原因了。

D，重達觀不重分析。——莊子以齊論法止儒墨之辯，似可奏效一時，然其達觀方法，實貽害於學術思想界不淺。科學起於分析事實，今既達觀一切，不別異同，則眞正的科學自無由產生。從好一面說叫做達觀；從壞一面說，就成含渾籠統的思想了。科學上還有一個最重要的觀念，就是『類』。苟不明於事物的類，則學問無系統了。西洋自Aristotle提出類的觀念，至今各種科學大受其賜，都有條理脈絡可尋。而中國雖墨家曾提出類的觀念，爲辯經的根本方法；然未實用於何種科學，故在思想界無大影響。更經莊子蔑視類的分析，說：『今且有言於此，不知其與是類乎？其與是不類乎？類與不類，相與爲類，則與彼無以異矣。』於是類的觀念，掃地無餘。各家著述，亦多無類的觀念，貫串其間，所以中國古代學術，外似廣博，其實雜亂不堪，毫無頭緒，這由於方法不注重分析的結果。

總之，中國古代的學術，多由於各家的方法產生出來。既不重自然的事實和分析的實驗自無西洋近代的科學了。我們多缺乏『物的觀念』和『數的觀念』不喜研究自然科學，也由於薰染古代名學方法太深所致。我們無論整理國故，或是輸入歐化，非先改革遺傳的古代名學方法，終恐無大望了。

（附註）前引胡適中國哲學史中誤解墨子名實之說，近查他的墨辯新詁已更正。